잘나가는 여자들에겐
커뮤니티가 필요하다

| 책에서는 상황에 따라 '커뮤니티, 모임, 카페'라는 용어를 바꿔가며 사용했습니다

혼자만 알기에는 너무나 아까운 그 여자만의 1% 특별한 모임
잘나가는 여자들에겐 커뮤니티가 필요하다

초판 1쇄 인쇄 2017년 4월 22일
초판 1쇄 발행 2017년 4월 27일

지은이 최상아

펴낸이 이은화
기획 이혁백
원고감수 정광희
마케팅·홍보 박현정
디자인 [★]규
인쇄 천일문화사

주소 서울시 성북구 정릉로12길 26, 203호
전화 070-4797-7191
팩스 02-6008-7197
홈페이지 www.redbear.kr
전자우편 master_bb@naver.com
출판등록 제307-2015-000009호

ISBN 979-11-958483-5-5   13320

값 14,800원

레드베어는 독자 여러분들의 아이디어와 원고 투고를 기쁜 마음으로 기다리고 있습니다. 책으로 펴내고 싶은 기획이나 원고가 있으신 분들은 이메일(master_bb@naver.com)로 보내주세요. 여러분의 소중한 경험과 지식을 세상에 알리세요.

혼자만 알기에는
너무나 아까운
그 여자만의 1%
특별한 모임

잘나가는 여자들에겐
커뮤니티가 필요하다

최 상 아 지 음

레드베어
REDBEAR

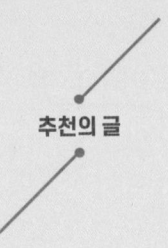

추천의 글

'추천의 글'은 도착한 순서로 게재하였습니다

요즘 우리나라 사람들의 대학이나 직업의 선택 기준은 '안정된' 일자리입니다. 월급이 적더라도 쫓겨나지 않고 정년이 보장되느냐의 여부를 중요하게 여기는 것입니다. 그런데 이런 보통의 기준을 보기 좋게 걷어차 버린 사람이 바로 최상아 선생님입니다.

그녀가 대학을 다닐 때 제 연구실에 찾아와 진로에 대한 상담을 했던 기억이 생생합니다. 사업에 재능이 있어 보여 교육대학교를 나왔다고 교사만 할 생각하지 말고 사업을 해 보는 것이 어떻겠냐는 생뚱맞은 조언을 했었습니다. 그런데 얼마 지나지 않아 그녀는 실제로 훌륭한 사업가가 되었고, 사회 공헌도 많이 하고 있습니다.

그녀는 자신이 왜 사업가의 삶을 선택했는지, 왜 그러한 일들을 하고 있는지에 대해 뚜렷한 주관을 가지고 있습니다. 오랜 세월을 교육자로 살아왔던 저는 그녀의 눈빛에서 진정성을 읽을 수 있었습니다. 이러한 뚜렷한 주관은 누군가의 마음속에 잠재되어 있는 내면의 소리를 끄집어내어 자극을 주기도 합니다. 그런 점에 있어서 이 책은 그녀와 같은 또 다른 여성들을 사회로 이끌어내는 역할을 할 것이라 생각합니다.

또, 이 책은 우리 사회에서 여자 혹은 주부들이 가지고 있는 일반적인 편견을 과감히 부수는 내용들로 점철되어 있습니다. 사회에 만연히 퍼져 있는 편견들이 금방 사라지지는 않겠지만 그것들을 부수기 위한 노력은 꼭 필요합니다. 누군가의 표적이 될 수 있음에도 불구하고 잘못된 편견에 맞서는 최상아 선생님에게 큰 격려를 보냅니다.

여기에 수록된 내용은 그녀의 단상이나 수필이 아니고, 앞으로의 활동에 대한 출사표라고 할 수 있습니다. 읽는 내내 이 책은 앞으로 더 큰 전진을 하기 위한 숨고르기의 과정으로 자신의 생각을 가다듬고 정리해낸 것 같다는 느낌을 지울 수 없었습니다. 나는 그녀가 앞으로 대한민국의 여자, 엄마, 주부, 아내의 관점에서 남들이 생각하지 못했던 아이디어들을 하나하나 실천으로 옮겨서 우리 사회에 좋은 기여를 할 것을 믿어 의심치 않습니다.

최상아 선생님의 과감한 도전 정신에 찬사를,
최상아 선생님이 앞으로 감당하게 될 시행착오에 대해 격려를,
최상아 선생님이 개척할 '잘나가는 여자'의 세상을 위하여!!!

— 서울교육대학교 총장 김경성

"자기 자신을 개혁하는 사람들은
그들의 이웃을 바꾸는 데 온전히 헌신한다."
People who have reformed themselves has contributed their
full share towards the reformation of their neighbor.

영국의 외교관이자 소설가로 활동한 노먼 더글라스[George Norman Douglas]의 말입니다. 그의 말처럼 바른 신념으로 자신 스스로를 변화시키고자 했던 최상아 대표의 노력은 커뮤니티를 통해 이웃과 지역 사회를 바꾸는 힘으로 작용했고, 자신의 성공뿐만 아니라 커뮤니티와 지역 사회의 성공적인 변화를 이끌어내는 데 큰 기여를 했다고 평가받고 있습니다.

아내이자 엄마로서의 삶을 살았던 최상아 대표는 커뮤니티 활동에 있어 단순히 생활에 대한 불평이나 수다를 넘어 '한번 바꿔보자'는 생각과 아이디어를 실천함으로써 자신의 변화는 물론 커뮤니티와 지역 사회의 변화까지 가져올 수 있다고 자신의 경험을 통해 이야기합니다. 특히, 육아와 집안일 때문에 다른 외부 활동을 하기 쉽지 않은 여성들의 경우 커뮤니티 활동을 통해 자아실현과 사업적 성공을 거둘 수 있으니 도전해보라고 말합니다.

나아가 개인주의 성향이 강해지는 우리 사회에서 지역 커뮤니티와 엄마들이 있는 한, 여성 특유의 섬세함과 관심, 공감 능력이 좋은 변화를 일으켜 '공유'의 가치를 실현하고 '함께' 잘 사는 지역 문화가 꽃피게 될 것이니 맘 커뮤니티와 여성에 대한 편견 대신 적극적인 응원을 해줄 것을 주문합니다.

"모든 사람은 반드시 장점이 있기 마련이니 자신에게 어떤 장점이 있는지 모르겠다면 커뮤니티 활동을 해보라."는 최상아 대표. 이 책은 저자가 맘 커뮤니티를 운영하면서 겪은 경험과 노하우들을 담고 있습니다. 여성의 사회적 활동에 많은 제약이 가해지는 우리 사회에서 저자의 경험과 노하우는 육아와 집안일에 지친 여성들에게 새로운 계기를 마련해줄 것이며, 비단 여성뿐만 아니라 커뮤니티를 통해 진정한 자신을 찾고자 하는 사람들에게 훌륭한 도우미가 되어줄 것입니다.

책 출간을 진심으로 축하드리며 '커뮤니티 리더의 비전은 열정적이고 진실해야 하며 나만을 위한 것이 아니어야 한다'는 저자의 신념이 널리 퍼져, 좋은 커뮤니티들이 많이 생겨나고 그 힘이 우리 김포와 대한민국을 더욱 살기 좋은 사회로 만들어 나가기를 기대합니다.

— 국회의원 김두관

사람들이 함께 살고 있는 곳을 우리는 흔히 마을이나 공동체라고 부릅니다. 그것이 누구에게는 몇 명이 모인 아주 작은 마을이나 가족일 수도, 또 다른 이들에게는 지구 전체가 하나의 공동체가 될 수도 있을 것입니다. 공동체에서 같이 웃고, 울고, 만나고 교류하며, 대화를 나누고, 꿈을 이루며 살아온 인류의 오랜 삶의 방식은 오늘날 옆집에 누가 사는지도 모르고 살아가는 세상으로 바뀐 지 오래되었습니다.

그런데 여성들은 결혼, 출산, 육아의 과정을 거치며 혼자서 감당하기 힘들고 버거운 현실에 직면하게 되고, 자연스럽게 경험이나 부담을 나눌 친·인척, 이웃 등 공동체를 찾게 됩니다. 인터넷과 모바일이 지배하는 사회에서 이제 우리는 많은 것을 자연스럽게

잘나가는 여자들에겐 커뮤니티가 필요하다

온라인 마을이라 할 수 있는 커뮤니티를 통해 서로 필요한 정보와 도움을 주고받고, 이것이 오프라인 모임으로까지 이어지는 것을 자주 볼 수 있습니다.

이 책의 저자 최상아 대표는 결혼, 출산, 육아를 거치며 일찍이 온라인 커뮤니티의 중요성과 발전 가능성을 인식하고 포털사이트에서 〈김포맘 한아름〉 카페를 운영해 왔습니다. 카페를 통해 여성들끼리 주로 정보 교류와 육아 고통을 함께 나누다가, 한걸음 더 나아가 협동조합을 설립하고, '한아름 재능기부센터'를 운영하며, 'FOR+REST'라는 핸드메이드 브랜드를 만들어 경력 단절 여성들의 사회 진출을 돕는 등 다양한 사업을 펼치고 있습니다.

GE의 잭 웰치는 "성공이란, 당신이 리더가 되기 전에는 오로지 당신 자신의 성장을 의미했지만, 리더가 되었을 땐 다른 사람을 성장시키는 것을 의미한다."라고 했습니다. 최상아 대표는 온라인 커뮤니티를 통해 이룬 다양한 성과와 경험을 공유하고 나누기 위해 이 책을 썼으며, 우리 함께 이겨내자고 손을 내밀고 있습니다. 저자의 경험을 풀어낸 이 책을 통해 많은 여성들이 위로 받고, 성장 기회도 모색할 수 있기를 진심으로 기대해 봅니다.

—한국여성경제인협회 서울지회장 이기화

새도시!

몇 년 전 '새도시'라는 새로운 용어를 접한 적이 있습니다. 사실 그전에는 농촌, 신도시, 도농복합도시 정도의 이름만 익숙했을 뿐이지 새도시라는 이름은 낯설었지요. 하지만 새도시라는 이름은 어느새 계속 제 머리에 맴돌고 있었습니다. 김포의 국회의원이 되고 무엇을 하든 새롭게 생각하겠다는 마음이 생겼지요.

김포를 한강 새도시라 말해준 사람은 바로 한아름의 최상아 대표였습니다. 그녀는 제가 김포의 비전을 생각할 때 새로운 관점으로 생각할 수 있는 계기를 마련해 주었습니다. 최상아 대표는 김포맘들이 필요한 부분을 알고 그들을 각 모임들로 엮어 필요한 것을 자족할 수 있는 시스템을 만들었습니다. 그리고 온라인뿐만 아니라 오프라인 모임과 장소를 만들어 새도시의 가려운 부분을 긁어주며 김포의 새로운 문화를 만들고 있습니다.

그런 최상아 대표가 책을 쓴다고 했을 때 사뭇 기대감이 많이 들었고 직접 읽어 보니 여자들의 커뮤니티가 거대한 산을 이루고 있다는 사실과 그녀들이 왜 이렇게 커뮤니티에 열광하는지를 알게 되었습니다.

우리나라 여자들은 결혼하고 아이들을 키우면서 많은 부분에서 희생 아닌 희생을 하며 경력이 단절되고 여자로서의 자존감에 상처를 받고 있습니다. 그러나 그녀들은 스스로 커뮤니티에서 활발히 활동함으로써 좀 더 생산적인 일들을 하고, 본인이 가졌던 경력과 정보들을 공유하며 서로를 위해 동기부여를 해주기도 합니다. 그런 의미에서 최상아 대표가 쓴 이 책은 여자들의 모임 이야기를 좀 더 진솔하게 알 수 있고 수많은 커뮤니티를 어떻게 나에게 맞게 활용할 것인가에 대해서도 생각해 볼 수 있도록 합니다.

도시가 제대로 자리를 잡으려면 교통, 교육, 기반시설 등 많은 것이 필요합니다. 이러한 것들은 지자체나 정치인들이 함께 노력하면 되는 것입니다. 하지만 지자체나 정치인들이 노력해도 되지 않는 것이 있습니다. 그것은 바로 '문화를 만드는 것'입니다. 김포만의 독특한 문화, 브랜드는 이런 커뮤니티들을 통해 시민들이 스스로 만들어 갈 수 있을 것입니다. 새로운 문화를 창조해나가는 최상아 대표를 응원하며 추천사를 마칩니다.

—국회의원 홍철호

Contents

Chapter 03

여자에 의한, 여자를 위한, 여자의 공간이 필요하다
_ 잘나가는 여자를 위한 알짜배기 모임

Chapter 04

잘나가는 여자들에겐 특별한 커뮤니티가 있다

Chapter 05

커뮤니티에도 '격'이 숨어 있다

Chapter 06

지금부터, 나는 잘나가는 여자다

Chapter
01

나만 몰랐던
여자들의 이야기

배신의 아이콘
서방님

           나는 스물일곱에 결혼했다. 남들이 생각하는 괜찮은 집안, 괜찮은 학벌, 괜찮은 직업, 괜찮은 결혼이었지만 정작 나는 평소에 진정으로 원하는 남편상을 그려본 적도 없고, 결혼하고서도 아이를 가질 준비나 낳고 키울 준비도 없었다. 남들이 괜찮다고 말하는 남자와 결혼했고, 남들이 적당하다고 생각하는 시기에 아이를 낳고 키웠다. 결혼을 하고 나서는 얼마 지나지 않아 반 강제로 전업주부가 되었다. 한 가정을 이루고 자신이 가장이 되었다는 책임감 때문인지, 아니면 살림하는 아내에 대한 로망이 있었는지는 모르지만, 남편은 결혼 후 나에게 살림에 집중해주길 원했고 나는 그렇게 어릴 적 늘 가족들 뒤치다꺼리에 시달리던 엄마처럼 살아가게 되었다. 그리고 그때까지만 하더라도 제때에 내가 할 일을 다 해냈다는 안도감과 남들의 부러워하는 시선에 도취되어 내 스스로도 안정된 삶을 좋아하는 줄 착각하고 있었다.

아이가 생기자 나는 더욱 '직업'이라는 것을 갖기가 힘들어졌다. 출산 전에는 심한 입덧에 시달렸고 출산 후에는 산후우울증이 찾아왔다. 아이를 키우면서는 체력적으로도 너무 힘들었고 여기에 내 미래에 대한 불안함까지 엄습해왔다. 이런 내 속도 모르고 남편은 아이를 돌보는 데 더욱 집중하기를 바랐고, 가정의 모든 관심은 아이를 향해 있었다. 그러나 나는 어렴풋이 알고 있었다. 시간이 흘러서 남편이 퇴직할 때쯤이 되면 "내가 돈 벌 동안 당신은 뭘 했냐, 이제 아이도 다 컸으니 지금이라도 일자리를 찾아보라"는 핀잔을 듣게 될 것이라는 걸 말이다.

남편들이 직장에 영혼을 갖다 바치며 벌어오는 월급으로는 생활비며 대출 상환, 자녀 교육비 등 매달 빠듯한 생활을 할 수밖에 없다. 하물며 이런 상황에서 노후 준비까지는 언감생심이다. 때문에 남편들은 퇴직 후에도 남은 인생을 위해 또다시 일터를 전전해야 한다. 하지만 퇴직한 남자들을 누가 고용해주겠는가. 이때가 다가오면 남편들은 불안한 마음에 그동안 집안 살림하며 아이들을 키워온 노고는 까맣게 잊은 채, 함께 돈 벌어서 탄탄한 미래를 준비하지 못한 아내를 원망하게 된다.

아이들도 마찬가지다. 예전에는 자식 하나 잘 키워서 늘그막에 자식에게 얹혀살면서도 이래라 저래라 어른 노릇하며 호강 아닌 호강을 누리던 시절이 있었지만, 요즘은 재벌이 아니고서야 그렇게 용감한(?) 어른이 되기란 쉽지 않다. 코흘리개 엄마 껌딱지이던 아이들은 어느새 훌쩍 자라 사춘기를 거치면서, 집안에서 후줄근하게 앉아 콩나물 대가리를 다듬는 엄마보다는 자신의 직업을 갖고 차곡차곡 커리어를 쌓아나가며 일하는 엄마를 더 자랑스러워한다.

이런 이유들 때문에 남편 뒷바라지하느라, 당분간 아이를 양육하는 데 집중하고자 잘 다니던 직장을 포기했거나 아이의 학교생활에 더 관심을 갖고 '아이의 미래가 곧 나의 미래'라고 착각하면서 좋은 직업을 놓아버린 엄마들은 시간이 지날수록 더욱 외로워진다. '아이 다 키운 다음에 해도 늦지 않겠지'라는 생각은 더욱 위험하다. 아이들을 키우는 동안 시간은 흐르고 나이도 먹는다. 제아무리 100세 인생이라도 50세부터 무엇을 시작할 것인가? 그리고 젊은 날의 50년, 내 인생은 누가 책임질 것인가?

불의의 사고로 인해 사람이 다쳤을 때 그 사람의 생명을 지켜내기 위해서는 골든아워Golden hour라는 아주 금쪽같은 시간을 잘 활용해야 한다. 어쩌다 그 시간을 넘기게 되면 생명의 불씨를 놓쳐

버리고 마는 안타까운 상황이 생길 수 있다. 너무 비약적인 해석일지는 몰라도, 나는 엄마들에게도 이러한 골든아워가 존재한다고 생각한다. 그 골든아워는 5년 후도 아니고 10년 후도 아닌 바로 '지금'이다.

'나는 운이 없어서', '나한테는 기회가 없어서'라고 말할 것이 아니라 지금 '준비'해야 한다. '아이 엄마가 뭘 해?'라며 인생의 조연을 자처할 일이 아니다. 여자는 영원히 아이 엄마로만 살지는 않는다. 아이는 크고 엄마는 결국 또다시 혼자만의 시간을 갖게 된다. 지금 빡빡한 일상을 조각내서 준비한 그것들이 기회와 얽히는 순간, 당신도 꿈의 주연이 될 수 있다. 골든타임은 특별히 운이 좋은 사람의 전유물이 아니다. 조금이라도 준비하고 운이 내게 얽히도록 밑밥을 많이 던지는 사람에게 다가오는 당연한 선물이다. 골든타임의 주인공이 되느냐 마느냐는 오늘 당신의 '준비'에 달려 있을 뿐이다.

엄마들 사이에서 닮고 싶은 롤모델로 단연 1위인 김미경 강사도 자신의 책《꿈이 있는 아내는 늙지 않는다》에서 골든아워를 잡아야 함에 대해 말한다. 아이를 셋이나 키우면서도 강사로서 작가로서의 꿈을 단 한순간도 놓지 않은 그녀는 요즘 또다시 '디자이너'라는 새로운 꿈에 도전하고 있다. 그녀의 열정을 가만히 지켜

잘나가는 여자들에겐 커뮤니티가 필요하다

보고 있노라면 짜증과 우울감에 사로잡혀 있다가도 '나도 뭔가 해야 해!'라는 마음이 울컥울컥 샘솟는 것을 느끼게 된다.

내 꿈의 불씨를 꺼뜨리지 않기 위해서라도 나는 이 골든아워를 붙잡기로 했다. 엄마라서 도전할 수 있는 일, 여자이기 때문에 가능한 일을 찾기 시작했다. 그리고 나는 커뮤니티를 이끌며 돈을 버는 '잘나가는 여자'가 되었다.

이제 "당신은 집에서 살림해. 내가 열심히 해서 저축도 하고, 우리 집 꾸려갈 수 있어", "당신은 애한테 집중해. 돈은 내가 벌 테니까"와 같은 남편의 말에 넘어가서는 안 된다. 그러다가는 후에 뒤통수 맞을 일을 각오해야 한다. 나중에 남편과 아이들에게 원망에 가득 찬 말을 듣지 않기 위해서라도 아니, 누구의 눈치를 봐서가 아니라 내 자신이 인생의 주인공으로서 떳떳해지기 위해서라도 지금부터 나만의 '일'을 준비해야 한다.

아이는 엄마가 키워야 한다고 말하는 친정 엄마, 아이가 조금만 이상한 행동을 보이면 엄마가 일을 하니 잘 돌보지 못해 그런다고 생각하는 주위의 사람들, 아이가 아플 때면 내가 못 챙겨줘서 이렇게 된 게 아닐까 하는 죄책감…… 이 모든 시련과 역경에도 불구하고 일을 손에서 놓지 말아야 한다. 결국 내 인생을 책임져야 하는 사람은 다른 누구도 아닌 나 자신이니까.

꿈은 무슨,
앉아 있을 시간도 없다

        요즘 엄마들 사이에서는 육아의 녹록치 않은 현실을 반영하듯 '군대육아, 전투육아, 독박육아' 등의 신조어들이 유행하고 있다. 육아를 마치 군대 생활하듯, 전투하듯 한다는 의미와 부부 중 한 사람이 혼자서 육아를 도맡아 하는 경우에 '육아를 독박 썼다'는 의미로 이러한 신조어가 생겨나게 된 것이다.

        예전에 아이를 키운 어르신들은 "요즘은 애 하나 키우는 거 가지고 왜들 그리 힘들어하는지 모르겠어. 옛날에는 5~7명씩 낳아도 잘만 키웠는데……."라며 약간은 곱지 않은 시선으로 요즘 젊은 엄마들을 바라보기도 한다. 물론 실제로 요즘 엄마들이 아이를 키우는 것에 대해 많이 어려워하고 있는 것은 맞다. 그러나 예전처럼 어느 정도 아이들을 방목하면서 키우기에는 험한 세상이 되었다. 대가족이 함께 살아서 엄마가 아니라도 누군가 봐줄 수 있는 사람이 있는 것도 아니고, '한 아이를 키우려면 온 마을이 필요하다'라는 어느 나라 속담과 달리 동네에서는 내 아이의 존재를 모르는 사람들이 더 많은 게 현실이다. 게다가 이제는 맞벌이가 아니면 먹고살기도 빠듯하다. 끝을 모르고 오르는 집값, 침체된 경기, 치솟는 물가에 엄마가 육아에만 오롯이 전념할 수 있는 사회적 환경도 되지 않는 게 사실이다.

지금 이 대한민국에서 아이를 키우며 살아가는 수많은 초보 엄마들이야말로 독박육아를 경험하고 있는 첫 세대라고 생각한다. 이 엄마들은 여권 신장의 수혜를 오롯이 받으며 자랐고 열심히 공부해 좋은 대학, 좋은 직장에 가고 자아 실현하는 것을 최고의 가치로 여기며 자란 첫 세대다. 그런데 갑자기 결혼과 함께 엄마로서의 삶에 접어드니 이전과는 모든 게 달라져 좌절하고 있는 세대이기도 하다. 과거 대가족 시대에는 모든 가족들이 함께 생활하며 아이를 키웠다. 또한 앞선 세대로부터 육아의 기술과 지혜를 전달받기도 쉬운 환경이었다. 하지만 지금은 아이를 돌보는 것이 온전히 엄마만의 몫이 되었다. 또한 여성도 생계의 일부를 담당해야 한다. 그러다 보니 현실에서 마주해야 하는 엄마로서의 삶은 대가족 시절보다 더 팍팍하고 힘들어졌다. 이에 대한 지식과 대비가 전혀 없는 요즘 엄마들이 갑작스레 닥친 현실을 이해하기도, 견뎌내기도 버거워진 것은 어찌 보면 당연한 일이다.

《독박육아》라는 다소 거친 표현을 달고 나온 책에서 허백윤 저자 또한 열심히 기자생활을 하다가 갑자기 닥친 육아를 오롯이 견뎌온 이 시대 육아맘의 고충을 대변하고 있다. 누군가 "요즘 엄마들은 애 하나 키우는 것 가지고 왜 그렇게 힘들어하는 거야?"라고 묻는다면 모든 엄마들을 대신해 이 책이 갈음해줄 수 있을 것 같다는 생각이 들 정도다.

결혼을 하고 1~2년 정도 신혼기를 보내면 일반적으로 아이를 가져야 할 시기가 온다. 그러다 아이를 낳고 육아에 전념하다 보면 여자의 시간은 5~6년이 눈 깜짝할 새에 지나간다. 하루 종일 아이 뒤치다꺼리에 집안일까지 이것저것 하다 보면 하루는 1시간처럼 훌쩍 지난다. 게다가 하루 중에서 엄마가 보낼 수 있는 자유 시간이라고는 단 1분도 없다. 내가 자고 싶을 때 잘 수도 없고, 먹고 싶을 때 먹을 수도 없고, 내가 놀고 싶을 때 놀 수도 없다. 그나마 아이가 낮잠을 자거나 혼자서 조금 시간을 보낼 때 서둘러 쌓여 있는 집안일을 해치워야 한다. 만약 둘째라도 낳으면 이렇게 여자의 10년은 우습게 지나간다.

이렇듯 육아와 살림에 치이다 보면 내가 꿈이 있는 사람이었는지조차 잊어버리며 산다. 마치 등에 '바닥 눕힘 금지' 센서라도 달린 것처럼 도대체 자신의 등을 바닥에 대려고 하지 않는 아이 때문에 앉을 수도 없고, 한밤중에도 계속 칭얼거리는 아이를 돌보느라 자고 일어나도 밤새 누군가에게 얻어맞은 사람처럼 피곤하다. 끼니마다 거의 마시다시피 밥을 먹어치우고 화장은커녕 그날 아침에 세수라도 할 수 있으면 그나마 여유 있다고 느껴질 정도다. 결국 아이가 점점 자라서 잠깐의 여유를 찾을 수 있을 정도로 정신이 들면 그때서야 '아, 내가 꿈이 있었나? 도대체 내가 원했던 꿈이 뭐였지?' 하고 알아차리게 된다. 이미 수년 동안 아이를 기르면서 자신감은 잃어버린 지 오래, 내가 가졌던 꿈은 저 먼 신기루처럼 눈에 보이지도 잡히지도 않는 것이 되어버린다.

나는 내 삶이 그다지 행복하지 않다는 걸 아이를 낳고 키우는 과정에서 느끼게 됐다. 물론, 내 아이라서 너무나 예쁘고 사랑스럽다. 그러나 나는 육아를 하며 행복을 느끼는 부류는 아니라는 걸 알았다. 나는 기질상 자유로운 성향에 사람들과 함께 어울리는 걸 좋아한다. 내가 세상이고 세상이 나인 양 그저 바람가는 대로 자유롭게 살다가 조금은 늦은 나이에 감성적으로 많은 것이 통하는 사람과 결혼할 수도 있었을 내가, 이를테면 정반대의 삶을 선택한 것이다.

사람들이 모두 같은 삶을 살 수는 없다. 각기 가진 경험도 다르고 기질과 성향도 다르다. 내가 행복을 느끼는 일, 내가 행복해질 수 있는 배우자, 내가 행복해지는 경험은 모두 다르다. 그러니 '남들이 원하는 내 모습'에서 벗어나 '진짜 내가 원하는 모습'을 상상하고 꿈꿔야 한다. 세상 사람들이 정해 놓은 수순에 맞춰 살 필요가 없다. 그건 그들의 바람이지 나의 꿈이 아니기 때문이다. 그런 의미에서 나는 결혼과 출산 후 제2의 꿈 사춘기가 찾아왔고 지금, 나만의 독특한 꿈의 모양을 빚어내는 중이다.

이 글을 읽으며 "앉아 있을 시간도 없는데 꿈은 무슨……"이라고 혀를 차는 독자도 있을 것이다. 그러나 엄마의 시간은 계속되지 않는다. 점점 자신을 잃고, 꿈도 없어지고, 활력도 잃은 채 허한 기분으로 엄마 이후의 삶을 살지 않으려면 조금은 힘들더라도 '잘나가는 여자'가 되기 위한 준비에 돌입해야 한다.

아이를 어린이집에 보내고 연구실에 일하러 가는 날이면 나는 그렇게 좋을 수가 없었다. 몸도 편하지만 정신적으로도 깊은 활력을 느꼈다. 5분 이상 가만히 앉아 있을 수 있다는 것만으로도 행복한데다 내가 생각하는 것들, 내가 이루고 싶은 것들을 상상하고 만들어가는 시간이 더없이 행복했다. 이렇게 나만의 몰입하는 시간을 갖고 나면 에너지가 생기고 미래의 내가 더 나은 사람이 될 수 있을 것 같다는 자신감도 되찾을 수 있다.

잘나가는 여자들에겐 커뮤니티가 필요하다

지금부터 "꿈은 무슨……." 대신 "내 꿈은 잘나가는 여자다!" 라고 당당히 외쳐라. 그리고 그 꿈이 점점 이루어지는 기분 좋은 설렘과 흥분을 느껴 보자.

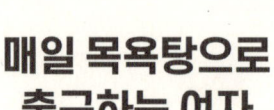

매일 목욕탕으로
출근하는 여자

아이가 갓난아이 티를 벗고 어느 정도 의사소통이 가능해지면 엄마에게 조금씩 여유가 생긴다. 그러면 가장 먼저 하게 되는 것이 운동이다. 여기저기 불룩 튀어나온 살들, 아이를 낳기 전에 입었던 옷은 내 몸의 반도 들어가지 않고, 몸이 자유롭지 못하니 그나마 생기는 스트레스는 먹을 것으로 풀어서 몸무게 앞자리는 어느새 더 큰 숫자로 바뀐 지 오래다. 아이 기르느라 돌보지 못한 자신의 몸을 마주하는 순간 여자는 그대로 좌절하고 만다. 그래서 피트니스센터 정기 등록을 하거나 집 근처 공원에라도 나가 아쉬움을 달랜다. 그러나 몸의 넉넉함보다 마음의 빈곤함이 더 슬픈 엄마들은 가끔 동네 엄마들을 만나 맛있는 점심식사를 하기도 하고, 커피숍에서 수다를 떨거나 아이의 학교일을 맡아 하기도 하면서 시간을 보낸다. 그러고 나서 오후에는 아이 하원을 돕고 저녁식사 준비, 집안일을 하며 식구들의 뒷바라지를 한다. 이렇게 보내는 하루가 나쁘다는 의미는 아니다. 하지만 평생 이렇게만 살다 보면 남는 것이 없다. 가슴 한 구석이 뻥 뚫려 있는 것 같은 허전함을 느낄 수밖에 없다. 오전에 신나게 모임에서 수다를 떨다 왔는데 뭔가 허하고, TV에서 당당하게 자기 일하며 커리어를 쌓아가는 여자들을 보면 괜히 '나는 뭐하고 있나' 싶어 울적해진다.

어렵게 들어간 직장, 새벽같이 출근해서 밤늦도록 야근하며 나름대로 열심히 회사 생활하다가 결혼을 하고 임신, 육아를 위해 일을 그만두었을 때는 출퇴근 시간에 구애받지 않고 추운 겨울에도 따뜻한 이불 속에서 나오지 않아도 되는, 세상에 이보다 더 행복한 일상이 없다며 즐거워했는데 막상 시간이 지날수록 할 일이 없고 자꾸만 외로워지는 내 자신에게 어느새 회의감마저 들곤 한다.

둘째를 낳았을 때는 어린이집 보육료 문제가 신문 1면을 오르내릴 즈음이었다. 어렵사리 남편의 허락을 얻어 아이의 어린이집 행을 선택했고, 따고 싶은 자격증 몇 개를 찍어놨건만 매스컴과 세상이 내 발목을 잡는다. 정규 직장에 다니지 않는 엄마는 보육료 축내지 말고 집에서 아이

만 보란다. 엄마는 자기계발하러 밖에 나가면 안 되는 건가? 모든 육아맘은 은연 중 자신의 행복과 성취에 따라 육아 방식을 선택한다. 그런데 무조건 집에서 아이만 보라고?

밖에 나가면 매일 무언가를 배우러 다니고 매 분기마다 자격증을 따기 위해 고군분투하는 많은 엄마들을 본다. 그녀들을 볼 때마다 내 모습을 거울로 들여다보는 것 같다.

자신을 변변치 않은 프리랜서 글쟁이 육아맘이라 칭한 김진미 작가는 《네가 잠든 밤, 엄마는 꿈을 꾼다》라는 에세이를 통해 읽으면 눈물이 핑 돌 정도로 현실적인 육아맘의 자기계발에 대해 이야기한다. 특히나 엄마들은 '아이는 엄마가 키워야 한다'는 사회 통념에서 자유롭지 못하다. 육아는 부부의 공동 목표인데도 불구하고 일하는 엄마의 죄책감을 아빠들은 거의 느끼지 않으며 사회 생활을 한다. 이러한 우리의 사회적인 인식부터 변화되어야 하지 않을까.

특히 여자들은 아이를 키우는 동안 그간 쌓아온 경력이 물거품이 되거나 능력이 조금 떨어지면 사회에 재진출하기가 매우 어렵다. 그래서 내가 강조하고 싶은 것은 '아이를 키우면서 능력을 유지하거나 새로운 능력을 만드는 일'들이 필요하다는 점이다. 출산과 육아로 경력이 단절된 엄마들은 다시 사회로 나오기까지 정말 많은 고민의 산을 넘는다. 아직까지는 육아를 엄마가 온전히 책임져야 하는 의무로 여기는 한국사회에서 10년의 경력 단절을 이겨내고 다시 직장 생활을 하기란 거의 불가능에 가깝다.

아이가 어느 정도 스스로 자신이 할 일을 하게 되고 엄마에게 여유 시간이 생겼다면 무언가에 집중할 수 있는 일을 만들어야 한다고 생각한다. 취미든 돈벌이든 상관없다. 스스로 몰입할 수 있고 미래의 목표를 가질 수 있는 것이라면 무엇이든 좋다. '자신의 일'을 만들어 놓지 않으면 매일 아침 하릴없이 목욕탕으로 출근할 수밖에 없다.

가끔 아이와 남편이 곤히 잠든 새벽 시간을 이용해 공중목욕탕에 가보면 어쩌다 한 번씩 가는데도 매번 마주치는 사람들이 있다. 그녀들은 매일같이 공중목욕탕에 출근하다시피 하며 자신의 때를 벗기기보다 남의 신상을 벗기는 데 더 열을 올린다. 목욕이 주가 아니라 목욕탕에서의 수다로 스트레스를 푸는 것이다. 조용히 나만의 시간을 즐기고 사우나를 하면서 풀리지 않는 고민거리에 대해서도 생각하고 싶은데 아줌마들의 이야기 소리에 묻혀 서둘러 목욕만 하고 나오는 일이 다반사다. 덕분에 어느 가게가 망하고 어느 가게가 새로 오픈했는지, 망한 가게 사장님은 어떤 사정으로 가게 문을 닫게 됐는지, 얼굴도 알지 못하는 어느 집 며느리는 무슨 일을 하는지, 이름만 아는 사람의 각종 신상에 대해 속속들이 알게 된다. 벌거벗은 사람들이 모여 다른 누군가를 또 발가벗기는 느낌이랄까.

주로 매일같이 목욕탕에 나와 시간을 때우는 사람들을 보면 자식들 시집 장가 다 보내고 특별히 하는 일 없이 아침 일찍 일어나 목욕탕에서 일과를 시작하는 나이 지긋하신 분들이 대부분이다. 목욕을 끝내고 집에 가더라도 딱히 할 일이 없기 때문에 새벽에 나와 목욕탕에서 만난 사람들과 시간 가는 줄 모르고 세상 이야기를 하는 것이다.

사람이 모여서 말을 하다 보면 꼭 좋은 말만 나오진 않는다. 특히나 불평, 불만, 뒷담화와 관련된 이야기들이 더 자극적이고 재미난 것이 사실이다. 그래서 이야기를 하다 보면 좋은 이야기보다는 부정적인 이야기들이 늘어난다. 그것이 스트레스를 풀리게 하는 쾌감을 주기도 하지만, 쓸데없이 사람 사이의 감정을 상하게 만들기도 한다. 본인의 일이나 비전, 목표, 취미 등 집중할 수 있는 일이 없는 사람들은 상대적으로 바빠서 시간이 없는 사람들에 비해 남의 일에 관심이 많고, 몇 안 되는 인간관계에서도 적당한 거리를 유지하는 법을 몰라 예상치 않은 다툼을 만들기도 한다. 이렇게 불필요한 감정싸움에 귀중한 시간을 소모하는 것이 아깝지 않은가.

10년 또는 20년 뒤에 할 일이 없어 어쩔 수 없이 매일 목욕탕으로 출근하고 싶지 않다면 남의 일보다 자신의 일에 몰입하고 집중할 것을 찾아보자. 불필요한 감정 소모에 쏠 에너지가 남아 있다면 자신의 꿈을 위해서 써라. 여유 시간을 말 그대로 그저 여유나 부리는 시간으로 보내지 말자. 여자라서 할 수 있는, 엄마라서 도전할 수 있는 생산적인 일에 집중하라.

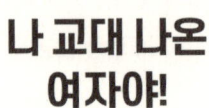

나 교대 나온
여자야!

      교대 학부 재학 시절, 직장생활을 하다가 교대에 입학한 나이 많은 언니가 어느 날 나에게 이런 말을 했다.

"아무리 교대 나와도 임용시험 합격 못하면 아무것도 아니야. 허드렛일밖에 못한다고!"

    당시에는 이 언니의 말이 '에이, 너무 극단적인 거 아냐?' 하며 말도 안 된다고 생각했다. 지금 생각해 보면 나나 내 친구들에 비해 그 언니는 현실을 잘 알고 있었던 것 같다. 역시 사람은 자신이 겪어보지 못한 일에 대해서는 잘 모르는 법이다. 나 또한 아이 엄마가 되고 보니 그때 그 언니의 말이 무슨 의미였는지 이해할 수

                          잘나가는 여자들에겐 커뮤니티가 필요하다

있었다.

주변의 엄마들을 봐도 마찬가지다. 아무리 좋은 대학을 나오고 좋은 직장을 다닌 경력이 있어도 출산과 육아를 하다 보면 자신이 쌓은 커리어는 아무 소용이 없어진다. 특별히 전문직 종사자나 육아 휴직을 길게 낼 수 있는 직장을 가져서 충분한 육아 후에도 복직이 가능한 엄마들이 아니라면, 대부분은 학과 전공을 선택할 때만큼 치열하게 제2의 직업에 대해 고민해야 한다. 아이를 어느 정도 돌볼 수 있으면서도 내가 좋아서 할 수 있는 일을 말이다.

나는 온라인 카페를 운영하면서 능력 있는 여성들의 아까운 재능이 사회 현실 때문에 사장되고 있음을 알게 되었고 진심으로 정말 안타까웠다. 그녀들은 새로운 일을 하고 싶어 하지만 일에 투자할 수 있는 시간이 충분하지 않다. 결혼과 임신, 출산과 육아로 직장을 그만둔 여성들은 몇 년간은 아이들을 엄마의 품에서 잘 키우는 것이 제일 중요한 임무다. 그래서 일을 한다고 하더라도 아이들이 어린이집이나 유치원에 간 잠깐의 시간을 활용할 수밖에 없다. 하지만 하루 5시간 정도로는 내 능력을 활용한 경제 활동을 하기란 쉽지 않은 것이 현실이다.

내가 아는 한 엄마는 현재 두 딸을 키우며 자그마한 파이가게를 운영하고 있다. 그녀는 아이들이 어느 정도 크고 나자 여유 시간이 좀 생기게 되었고, 아이의 간식거리를 집에서 만들어주기 위해 제빵학원에 등록했다. 아이의 간식을 만들어주기 위해서라고 하지만 평소 그녀는 빵을 만드는 데 늘 관심이 있었다. 커피를 마시러 가서도 예쁘게 진열되어 있는 케이크나 빵들을 유심히 관찰하는 습관이 있었고, 집에서 노릇하고 향긋한 빵을 구워서 식기도 전에 맛을 보는 것에 큰 로망을 가지고 있었다. 그렇게 제빵학원에 등록해서 매일매일 다녔다. 학원에 가 있는 그 시간만큼은 세상 어느 때보다도 행복했다고 한다. 학원에 다니면서 그날그날 배운 메뉴의 빵을 커뮤니티에 올리기 시작했고 '맛있어 보인다, 모양이 너무 탐스럽다, 나도 먹어 보고 싶다' 등 감탄과 응원의 댓글이 달리기 시작했다.

어느 날, 그녀가 커뮤니티에 올린 한 장의 사진이 지금 그녀의 사업 아이템이 되었다. 여느 날처럼 학원에서 배운 빵을 집에서 실습 삼아 만들어 커뮤니티에 올렸다. 자신의 입맛에 맞게 이리저리 레시피를 바꿔 만들었더니 한층 더 맛깔스러웠다. 그녀는 그렇게 자신의 레시피대로 만든 호두파이 사진을 커뮤니티에 게시했고, 사람들은 맛을 보고 싶다며 판매를 요청했다. 그렇게 하나둘 맛을 본 사람들은 그 호두파이 맛에 반해 재주문을 하고 입소문을 냈다.

그러나 기쁨도 잠시, 위기가 닥쳤다. 누군가가 식품위생법을 운운하며 구청에 신고를 한 것이다. 원래 식품은 가정에서 임의로 만들어서 팔 수가 없고, 조리 시설 등 여러 가지 조건을 충족하는 사업장을 반드시 마련한 후 사업자를 내고 판매해야 한다. 그래서 그녀는 다시 한 번 고민의 기로에 섰다. '아직 둘째는 내 손이 많이 필요한데…… 무리하게 사업장을 마련한다고 해도 내가 과연 이 일을 계속 해나갈 수 있을까? 아니면 그냥 아이들이나 만들어주고 취미로 남겨 둘까?' 결국, 그녀는 아파트 단지 내에 상가를 임대하여 파이만 전문적으로 판매하는 상점을 열었다. 처음에는 호두파이 한 종류였지만 지금은 초코 타르트, 치즈 타르트 등 점점 신선한 메뉴가 등장하고 있다. 벌써 파이가게를 연 지 2주년이 되었고 지금도 그녀의 파이는 매일매일 고소하게 구워지고 있다.

당장 돈을 벌지 않아도 되는 사람들은 자신이 진짜 하고 싶은 일, 잘할 수 있는 것에 대해 진지하게 생각할 수 있는 기회가 있다. 나도 아무 연고 없는 김포에 이사 와서 지역에 적응하기 위해 '한아름 맘 카페'에 가입했고 나의 일상 이야기와 맛집 공유, 전공 분야인 교육에 대한 칼럼들을 올렸다. 그러다 보니 교육에 관심이 있는 엄마들 사이에서 나는 유명인사가 되었고, 나를 만나고 싶어 하는 엄마들이 생겨났다. 특히 아이 영어 교육에 관해 이것저것 물어보는 엄마들이 많아져서 '영어 교육 잘하는 법'에 관한 강의도 하게 되었다.

그렇게 자신감을 갖게 된 나는 엄마들이 아이를 교육할 때 도움이 되는 정보들을 모은 온라인 카페를 만들었다. 엄마들의 필요에 맞게 카테고리를 구상하고 분류하여 정보들을 올리기 시작한 것이다. 오프라인으로는 부모 독서 모임을 하며 마음이 맞는 사람들과 작은 커뮤니티를 만들어갔다. 그리고 얼마 지나지 않아 나에게 큰 전환점이 찾아왔다. '한아름 맘 카페' 운영자가 나에게 카페를 인수받지 않겠냐는 제안을 한 것이다. 내가 운영하고 있는 온라인 카페를 보니 '한아름'도 운영을 잘할 것 같다며 아무 조건 없이 나에게 맘 카페를 넘겨주었다. 지금은 커뮤니티를 운영하며 나름대로 성취감을 느끼고, 어려움이 있지만 즐거워서 하는 일이라 활기차게 하고 있다.

제아무리 입학하기 힘든 교대를 졸업해도 전공을 살려 학교 선생님을 하거나 회사에 취직하지 않고 전업주부가 되어 혼자서 육아를 도맡다 보면 사회에서 활동하는 '최상아'의 자리는 없어진다. 외국에서 박사학위를 받았다 한들 아이 낳고 집에서 육아에 전념하면 그 능력은 그대로 사장되어 버리는 게 현실이다. 하지만 나는 학교 선생님을 하지 않고도 커뮤니티를 활용하여 '교육 전문가'로서 우리 지역 아이들 교육에 힘을 보태고 있다. 사회에서의 자리를 직접 만든 것이다. 비단 사례에 등장하는 엄마나 나의 경우를 예로 들지 않더라도, 요즘은 살림을 잘하고 노하우가 있는 사람은 블로그에 해당 정보들을 올려서 인기도 얻고 책도 낸다.

잘나가는 여자들에겐 커뮤니티가 필요하다

아이를 많이 낳아 잘 기르는 데 도가 튼 사람은 육아에 대한 책을 쓰고 강의를 하며 돈을 번다. 결혼 후에 요리에 취미를 붙이고 자격증까지 따서 자기만의 스타일로 꾸민 식당을 경영하기도 하고, 정리하는 습관을 커리어로 만들어 아예 신종 직업을 만들어내는 사람도 있다. 학벌, 경력, 스펙, 집안을 다 무시하고 진짜 자신이 잘할 수 있는 것을 찾아 커리어로 만들고 돈도 벌 수 있는 세상이 되었다. 온라인의 발달은 그것을 가능하게 만들었다. 특히 커뮤니티 활동을 하면 내가 좋아하는 일을 하면서 남은 인생을 좀 더 재미있고 행복하게 만들 수 있다.

여자들의 잡담이
돈이 된다

　　　　사람이 모이면 자연스럽게 이야
기가 등장한다. 특히 여자들이 모이면 그 이야기는 다양한 주제와
소재들로 더욱 풍성해진다. 그래서 여자들이 모여 수다를 떨면 시
간 가는 줄 모르고 이야기를 나누게 된다. 요즘은 인터넷과 SNS
등 각종 커뮤니티 도구들의 발달로 아주 빠르게 많은 이야기들이
사람들에게 퍼져 나간다. 유명인들의 경우를 보면 그 빠르기를 쉽
게 짐작해볼 수 있다. 금방 썼다가 지운 글이라도 누군가 그것을
저장해놨다가 퍼뜨리기도 하니 말이다. 이렇듯 우리는 수많은 이
야기의 홍수 속에 살고 있다.

　　혹시 '이야기 자본'이라는 말을 들어본 적이 있는가? 이제는

우리가 나누는 이야기들이 돈이 되는 시대다. 사람이 모이면 이야기가 생기고 그 이야기들이 자본을 만들어주는 가치를 가진다는 의미이다. 우리가 무심코 쉽게 던지는 이야기나 사람들에게서 들은 이야기들이 무한한 힘과 가치를 가지게 되었다는 것은 요즘 '바이럴 마케팅'이 성행하고 있다는 점에서도 짐작할 수 있다. 자신이 쓰는 육아 용품의 장점에 대해 다른 엄마들에게 이야기하는 것, 자녀가 다니는 학원의 선생님이 어떤 부분을 잘 가르치고 아이의 부족한 부분을 어떻게 지도해주어 도움이 되었는지 동네 엄마들에게 수다를 떠는 것만으로 간접적인 광고의 힘을 가지게 되는 것처럼. 이렇듯 이야기, 수다, 잡담은 이제 그냥 흘려버릴 수 없는 하나의 가치를 지니게 되었다.

이야기의 광고 효과에 대해 언급했지만, 사람들과 나누는 이야기 속에서 사업 아이디어를 발견할 수도 있을 것이다. '사람들의 불평 속에 아이디어가 숨어 있다'는 말도 있지 않은가. 사람들이 불평이나 불만을 이야기하는 것은 반대로 생각해보면 그것이 필요하다는 반증이다. 사람들의 입에서 나오는 이야기를 잘 관찰하기만 해도 기막힌 아이디어를 발견할 수 있다.

우리는 '잡담'이라는 것에 큰 오해를 가지고 있다. '쓸데없는 말, 알맹이 없는 이야기'라는 편견이다. 법학을 전공하고 일본 메이지대학에서 문학을 가르치는 사이토 다카시 교수는 그의 책

《잡담이 능력이다》에서 잡담이라는 것이 업무나 인간관계에서 얼마나 중요한 역할을 하는지에 대해 설명한 바 있다. 단순히 잡담이 쓸데없는 말을 늘어놓는 것이 아니라 중요한 이야기를 이끌어내는 데 결정적인 흐름을 제공해준다는 것이다. 이것을 잘 활용할 줄 아는 사람은 강력한 '잡담력(雜談力)'을 가진 사람인 셈이다.

> 잡담은 시간을 때우기 위한 목적으로 주고받는 말이 아니다. 그렇다고 유창하게 말하는 기술도 아니다. 잡담은 고도의 커뮤니케이션이다. 모든 관계의 시작은 작지만 큰 힘, 잡담에서 시작된다. 사람들과 잡담을 나누다 보면 인간성이나 인격과 같은 사회성이 모두 응축되어 있음을 알 수 있다. 그리고 그 모든 것은 단 30초의 대수롭지 않은 대화 속에서 속속들이 드러나게 되어 있다. 잡담을 시간낭비라고 생각하는 사람이 있다면 그것은 오해다. 잡담은 인간관계나 커뮤니케이션에서 '물줄기를 돌게 하는 것'과 같은 역할을 담당한다. 흔히 우리가 '분위기 파악'이라고 말하는 것과도 같다. 같은 장소에 있는 사람들과 같은 분위기를 공유하기 위해 잡담이 존재하는 것이다.

이런 잡담을 온라인 카페로 옮기면 내가 모르는 사람에게는 흥미로운 이야기 혹은 에피소드가 되고, 나와 같은 고민거리를 가진 사람에게는 공감을 주며 내가 겪었던 일을 다른 사람에게 미리 알려주는 정보로 변한다. 그것이 나의 칼럼이 되고 더 나아가 새로운 직업을 열어주는 계기가 될 수 있다. 앞서도 강조했지만 예전에는 불가능했던 일이 온라인의 발달로 인해 가능해졌다. 누구나 전문가가 될 수 있고, 자신의 경험을 이야기함으로써 돈을 벌수 있다. 사람들이 가진 기술, 경험, 취미조차도 지식이 되는 사회에서 자신이 가진 것을 어떻게 자본으로 바꿀 수 있을지에 대해 쓴 책《지식창업자》에서도 다음과 같이 강조하고 있다.

> 지식 축적은 꼭 학교생활이나 직장생활이 아니더라도 수많은 사회적 관계 속에서도 이루어진다. 지식은 때로 전혀 다른 모습으로 우리 머릿속에 자리 잡게 된다. 하물며 아이를 키울 때조차도 긴급 상황이 발생했을 경우 첫째아이를 키운 경험이 있다면, 둘째아이는 좀 더 쉽게 상황을 해결할 수 있다. 평범한 전업주부의 아이 키우는 경험도 하나의 훌륭한 지식으로 자리 잡게 되는 것이다. 우리가 가진 지식을 일부러 표출하지 않는다 하더라도 20~30년 동안의 경험은 지식으로 자리 잡고 몸 어딘가에 DNA처럼 구성되어 있다. 그걸 가진 우리가 지식인이 아니라면 누가 지식인인가.

아이를 어린이집에 보내고 커피숍 한구석에 앉아 커피 한잔을 홀짝이며 주변에 앉은 사람들을 관찰해본 적이 있는가? 정말 다양한 모습의 사람들이 모여 정말 다양한 일들을 하고 있는 곳이 바로 카페다. 모르는 사람들은 차나 한잔씩 시켜 놓고 수다 떠는 곳이 카페라고 생각할지 모르지만, 그곳에서는 우리가 상상하지도 못할 여러 생산적인 일들이 벌어지고 있다. 외국어나 자기계발을 위한 스터디가 이루어지기도 하고, 회사의 발전을 논의하는 티타임 겸 미니 회의가 열리기도 하며 새롭고 창의적인 사업을 구상하기도 한다.

온라인 카페도 마찬가지다. 다양한 능력과 경험을 가진 사람들이 하나의 목표를 위해 모여 서로의 이야기도 나누고 카페의 발전에 대해서도 회의를 한다. 더 나은 나 자신, 더 나은 카페, 더 나은 사회를 위해서 작은 의견이라도 모으고 실행한다. 나도 커뮤니티를 운영하면서 많은 사람들과 수다를 떤다. 주로 여성들의 사회 (재)진출을 지원하는 커뮤니티를 지향함을 어필하면서 많은 사람들과 그 방법에 대해 논의하곤 한다. 많은 사람들과 문제점을 공유하고 논의하면 정말 새롭고 좋은 아이디어가 마구 쏟아져 나온다. 찬반 토론이 아니라 문제 해결을 위한 방법에 대한 논의이니 사람이 많을수록 좋은 의견과 실행할 수 있는 사업 분야가 많아진다. 우리 지역 주민에 의해, 지역 주민을 위해 이루어지는 재능기부센터나 온라인 상품 판매자의 홍보를 돕기 위한 플리마켓, 프리랜서 작가의 꿈을 갖고 있는 분들이 자신의 전문 분야를 연재하는 온라인 매거진 발행 등 꼭 매일 정시에 출근하지 않아도 열정과 열의가 있다면 충분히 집에서도 할 수 있는 일들에 대한 여러 가지 아이디어가 나온다.

기왕 사람들과 모여 이야기를 한다면 되도록 가슴 뛰는 일, 즐거운 일을 만들어가는 수다를 떨어라. 3~4명이 모여 우리 아이들을 재미나게 길러보자는 수다를 떨면 마을교육이 만들어지고, 직접 만든 수제용품을 잘 팔아보자는 수다를 떨면 브랜드가 탄생한다.

기버(Giver)에도
원칙이 있다

나는 몇 년 전부터 '김포맘 한아
름' 카페를 운영해오고 있다. 김포라는 지역에서 함께 사는 사람
들이 모여 지역 정보도 공유하고 서로 소통하며 좋은 일들을 벌여
보자는 취지의 카페로, 몇 년간 운영해오며 즐겁고 보람 있는 일
도 많았고, 힘들고 속상한 일들도 적지 않게 겪어오고 있다. 작년
에 한 시사고발 프로그램에서 '지역 맘 카페'에 대한 부정적인 보
도를 내보내 사회적으로도 맘 카페에 대한 부정적인 여론이 형성
되도록 조장한 데에 대해서는 매우 안타깝게 생각하고 있다. 물론
우리 카페를 겨냥한 것은 아니었지만 소수의 맘 카페에서 발생한
문제를 마치 맘 카페 전체의 문제인 양 보도한 것은 정말 억울한

일이다.

사실 여러 개의 아이디를 이용해 허위 후기로 광고를 하는 불법 바이럴 업체들 때문에 맘 카페는 피해를 보고 있지만, 오히려 그것을 맘 카페가 '주도한' 것처럼 방송이 나왔다. 불법 바이럴 업체들은 아이디를 몇 백, 몇 천개를 구매하여 일반 회원처럼 활동하다가, 소상공인들에게 광고비를 받고 일반 회원처럼 은근슬쩍 홍보한다. "이사 왔는데 태권도 학원 보낼 곳 있나요?"라는 질문을 한 아이디가 올리면, 댓글로 "**동의 **태권도가 좋아요", "저도 거기가 제일 좋더라고요"라는 댓글이 마구 달린다. 거짓말로 후기를 달아 분위기를 유도하는 것이다.

이런 경우, 카페를 운영하는 사람들이나 일반 회원들이 허위라는 것을 알아차리기는 매우 어렵다. 또한 이런 업체들이 약속을 지키지 않아 피해를 보는 소상공인들도 굉장히 많다. 하지만 법적인 부분을 잘 알고 요리조리 피해가는 덕분에 카페 운영자들은 허위 아이디를 발견하면 강퇴 조치 외에는 대응할 방법이 없다. 전에 나는 이런 후기 업체의 연락처를 알게 되어 주의를 부탁드린다는 통화를 했다가 허위 후기 활동을 못하게 하면 자기들이 갖고 있는 아이디로 카페 내에 분란을 일으키겠다는 협박도 당했다.

또한 그 시사고발 프로그램에서는 비상업화 선언을 한 카페를 바람직한 커뮤니티의 예로 들었는데, 단순히 상업화와 비상업화를 좋고 나쁨의 기준으로 예를 든 것은 적절하지 못하다고 생각한다. 심지어 그 카페는 비상업화 선언을 했다는 것 외에는 다른 지역 맘 카페와 다를 것이 없었다. 다른 지역 맘 카페도 그와 비슷하게 운영하는 곳들이 많지만, 단순히 '비상업화 선언'을 하지 않은 것뿐이다. 그 프로그램을 기획한 사람들은 아마도 맘 카페들의 바람직한 활동 내용들보다는 '맘 카페의 비상업화'라는 용어에 끌려 취재를 한 듯하다.

　요즘 포털사이트 카페나 블로그를 통해 수입을 벌어들이는 사람들이 늘었다는 것은 공공연한 사실이다. 그 효과로 카페나 블로그들이 생겨나고 있으며 정당하게 자신의 아이디어를 팔아 자본으로 만들어가고 있다. 그런데 '맘 카페'는 그러면 안 된다는 논리는 뭔가 납득이 되지 않는다. 주변에 보면 "당신들은 아줌마니까 애 보면서 가끔 봉사나 해"라는 사회의 뿌리 깊은 남성우월주의 인식을 가진 사람들이 많고, 심지어 여성조차도 그런 생각을 가진 사람들이 꽤 있다. 아직도 우리 사회에는 여자들이 모여 사업을 만들어가는 것은 깨끗하지 못하다는 식으로 분위기를 조장해가는 사람들이 많다. 이렇게 제한된 사회 통념이 여성들의 사회 진출을 막고 있는 꼴이다. 전국적으로 지역을 기반으로 둔 여성 커뮤니티를 보면 운영자가 수익을 얻는 것에 대해 거부감이 굉장히 심한 편이다. 같은 여성 회원 입장에서는 나와 비슷했던 아줌마가

잘 나가는 여자들에겐 커뮤니티가 필요하다

운영자라며 돈을 벌어들이는 게 내심 못마땅하고, 남성들은 카페 자체가 '사람들이 모여 수다나 떠는 커뮤니티일 뿐인데 돈을 버는 것은 순수하지 못하다'는 인식이 강하기 때문이다.

지역 맘 카페는 해당 지역에 거주하는 주부들이 모여 결혼생 활과 육아에 대한 고민을 함께 나누고 동네 집값이나 학군 등 지역에서 살아가는 정보들을 공유하는 커뮤니티다. 좋은 일은 널리 알리고 문제는 함께 해결해나가는 지역 집단이다. 육아로 힘들 때면 공동 육아도 제안하고, 서로 한 가지씩 반찬을 만들어 나누는 반찬 품앗이도 한다. 어려운 이웃을 위해서는 기부 활동도 하고 사회에 도움이 되는 봉사 활동도 적극적으로 실천하고 있다. 요즘은 여기서 더 나아가 엄마들이 가진 재능을 서로 나누고 그것으로 실제 수입을 올릴 수 있는 마켓을 연다든지, 엄마만의 통통 튀는 창업 아이디어가 있다면 지원도 해주는 등 여성들의 사회 활동이 단절되지 않고 이어질 수 있도록 많은 노력을 기울이고 있다.

이렇게 행정이나 기존 시민 단체에서 하지 못하고 있지만 꼭 필요한 일들을 벌여나가기 위해서는 카페 운영자와 스태프들이 동분서주 바쁘게 움직여야 하고 자신의 여가 시간을 쪼개어 노동 시간으로 써야 한다. 그리고 노동을 하면 당연히 보수가 뒤따라야 하는 법이다. 생각해보라. 만약 하루 8시간 이상 내 시간을 써서 일을 해주는데 과연 무보수로 일할 수 있는 사람이 얼마나 되겠는

가. '카페 게시판 관리, 회원 관리, 회원들의 불만 사항 해결, 새로운 이벤트 기획과 진행, 정기적으로 있는 오프라인 행사 준비' 등이 밖에도 무수히 할 일이 많은데 무보수로 일을 하라는 것은 노동력 착취에 불과하다. 이 노동력 착취를 당연하다 여기고 그것을 순수하다 평가하고, 그 평가에 우쭐하는 것이 올바른 것인가? 사장이 월급도 제대로 주지 않고 노동력을 부리는 것은 명백한 악(惡)이라면서도, 여성들이 커뮤니티를 꾸려 나가기 위해 정당한 일을 하고 돈을 버는 것을 왜 안 좋게 보는지 의문이다.

내가 알고 있는 대부분의 지역 기반 맘 카페는 기부나 봉사 활동을 많이 한다. 하지만 이러한 활동은 그 주체에 대한 정당한 대가가 있고 나서 해야 하는 것이다. 하지만 아직도 많은 사람들이 맘 카페를 이끌어가는 모든 것은 철저히 봉사로 이루어져야 한다고 생각한다. 이렇게 봉사만으로 이루어지는 맘 카페는 가장 먼저 가족, 특히 '남편의 반대'라는 장벽에 부딪힌다. 전업주부로 아이를 키우다가 커뮤니티를 운영하게 된 엄마들은 다양한 활동으로 지역에 도움 되는 많은 일들을 하지만 반대급부로 아이를 키우는 데는 전보다 에너지를 덜 들이게 된다. 당연히 남편이나 아이들로부터 '돈도 벌어오지 않는데 왜 나가서 돌아다니냐'는 핀잔을 받게 되고, 가족들의 눈치를 보느라 지역 사회나 커뮤니티 회원들에게 도움이 되는 일을 적극적으로 하기 힘들게 된다. 그러다 스스로도 지쳐 결국에는 끝까지 맘 카페를 끌고 가지 못하고 폐쇄하는 경우도 많다. 이는 개인적으로는 물론, 사회적으로도 큰 손실이다. 하나하나의 커뮤니티들이 실현할 수 있는 경제 활동은 어마어마하며, 그들이 모여 만들어낼 수 있는 콘텐츠의 양과 질은 상상 이상이다. 무한한 가능성이 있는 여성들을 자신들만의 틀로 가두어서는 안 되며, 사회도 '순수'라는 말도 안 되는 단어로 여성의 사회 진출을 무조건적으로 막아서는 안 된다.

이렇게 커뮤니티를 운영하는 운영진들의 노동력을 가치 있게 생각하지 않고, 열정페이 개념으로 생각하는 사람들의 논리 중, 카페 회원들이 모여서 커뮤니티가 이뤄지므로 회원들에게 수익을 공개하고, 운영진들도 회원들이 정한 임금을 받아야 한다는 주장이 있다. 이들이 요구하는 방식은 마치 사단법인이나 단체에서의 회원들이 본인의 권리를 요구하는 것인데, 온라인 카페는 이런 단체나 법인과는 다르다.

온라인 카페는 회원 가입을 하면서 회비를 내거나 주민등록등본 같은 인적 사항에 관한 서류를 내는 등의 조건이 없다. 단체나 법인에 회비를 낸다면 당연히 그 회비가 어디에 쓰이는지에 관해 회원들은 총회를 통해 보고를 받아야 하고 회원들에게 승인받을 사항이 있으면 승인을 받아야 하지만, 온라인 카페는 운영자가 회원들의 간단한 인적 사항조차도 알지 못하며 별도의 회비를 걷지 않는 곳이 대부분이다.

　만약 온라인 카페를 운영하다가 사람들이 모인 단체를 만든다 하더라도 그 단체에 가입한 회원(이때의 회원은 온라인 카페의 회원이 아니다)들이 낸 회비에 관해서는 당연히 재무제표 등을 통해 보고나 승인을 거쳐야 하지만, 그것을 모든 온라인 카페 회원들에게 공개할 필요는 없다. 오히려 단체에 가입하지 않은 온라인 카페 회원에게 수익을 공개하는 것은 단체 회원에게는 불편한 상황이 될 수 있다. 온라인 카페 회원이 몇 만 명이라고 할지라도 막상 공식 단체를 만들 때 단체 회원으로 가입하는 인원은 몇 백 명에서 많아야 몇 천 명인 경우가 많고, 그 회원들 모두가 온라인 카페의 회원이 아닐 수도 있다. 온라인 카페의 회원이 아니면서 단체의 회원인 경우(특히 회비까지 낼 경우)에는 본인이 가입돼 있지 않은 온라인 카페에 수익 공개를 하는 것에 대한 불만이 당연히 생길 수밖에 없다. 회원인 본인에게는 공개하지 않고, 회원이 아닌

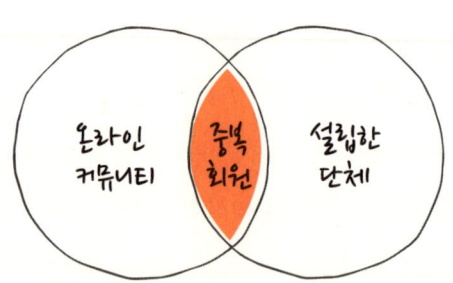

사람들이 모인 공간에서 공개를 하니 말이다.

회원제 할인매장의 경우에는 연회비를 내는 회원들에게만 그곳의 물건을 구매할 수 있도록 하지만 그 회비에 대한 수익 공개는 하지 않는다. 맘 카페에는 수익 공개를 요구하며 공개를 하지 않으면 순수하지 못하다고 비판하는 그들이 회원제 할인매장에는 왜 수익 공개 요구를 못하는지 모르겠다. 또한 포털 기반 커뮤니티가 아닌 홈페이지 형식의 커뮤니티 사이트는 회비를 받지 않는 회원제를 운영하며 광고비나 판매를 통해 수익을 창출하고 있는데, 이들에게도 역시 수익 공개를 요구하지 않는다.

익명성을 무기로 여러 아이디를 만들어 분위기를 유도해가며 자신들의 권리를 주장하는 그들은 실은 운영진에게 수익 공개를 요구할 권리가 없다. 권한 남용을 하고 있는 셈이다. 예를 들자면, 지나가는 행인이 지하철에서 무료로 나눠주는 신문을 보다가 그 신문을 발행하는 곳이 수익을 많이 낸다는 소문을 듣고는 그곳에 찾아가 '내가 읽어주니까 당신들이 돈을 벌지 않느냐'며, 어디에 얼마를 썼는지 상세히 수익 공개를 하라고 요구하는 황당한 경우와 다름없다.

수입과 지출을 공개하기 시작하면 문제는 더 커진다. 단체나 기업을 운영하다 보면 여러 곳에서 지출이 생기게 되는데, 그 분야에 대해 잘 모르는 사람들(그 단체의 회원도 아니고, 얼굴도 드러내지 않으면서 분위기를 몰아가는 몇몇의 온라인 회원)이 '왜 회의를 커피숍에서 했느냐, 더 싼 곳이 있는데 왜 저런 비용으로 구매를 했느냐'며 일일이 따지고 든다면 모든 업무가 마비된다. 결국 새로운 사업을 만들어가거나 지역 사회에 공헌 또는 봉사 활동에 집중할 수 있는 시간에 악의적인 몇몇 사람에 대응하느라 체력도 정신력도 다 써버리게 된다. 이러한 일들은 커뮤니티 자체와 커뮤니티의 운영진, 또 회원의 역할이 명백히 정의되지 않은 상태에서 발생하는 일이다.

어떤 사람들은 커뮤니티를 비영리단체로 인식하기도 하고, 어떤 사람들은 커뮤니티를 특정 회원들의 이익을 위한 사단법인으로 인식하기도 한다. 그 인식에 따라 커뮤니티가 '어떠해야 한다'는 당위성을 다르게 가지고 있으며, 본인의 아이디로 온라인 카페에 회원가입을 했다는 이유 하나만으로 자신들이 생각한 방식만을 운영진에게 요구하기도 한다. 그런 회원들 중에는 적극적으로 활동을 했던 회원들도 있지만, 가입만 하고 그 어떤 활동도 하지 않다가 사건이 났을 때만 나타나는 사람들도 많다. 심지어는 기분 좋지 않은 일을 겪어 '어디 누구 한번 당해봐라' 하는 마음으로 허위 아이디를 만든 누군가일 수도 있다.

커뮤니티는 하나의 모임이다. 그 모임이 어떤 형태로 조직되는가에 따라 운영 방식은 달라져야 한다. 공직자는 시민이 내는 세금으로 월급을 받으니 시민에 의해 선출되고 시민을 위해 일해야 하는 것이 당연하지만, 한 모임을 운영하는 운영자는 그 모임의 조직 형태가 어떠냐에 따라 다르게 적용되어야 한다. 그러나 우리나라에서는 운영자도, 회원도, 또 사회에서도 준비가 되지 않은 상태에서 커뮤니티들이 급작스럽게 활성화되었고, 커뮤니티에 대한 이해가 부족한 데서 여러 가지 성장통을 겪고 있는 것이다.

시사고발 프로그램에서 다룬 맘 카페의 문제에 대해 모르는 바는 아니다. 맘 카페 회원들이 뭉쳐 운영 중인 상점 간판을 내리도록 했다는 것이나 친하다는 이유만으로 일관성을 가지지 못한 채 특정 업체의 홍보를 도왔다는 점들에 대해서 말이다. 당연히 특정 업체에 몰아주기식 홍보는 반대다. 운영자가 여러 개의 아이디를 만들어 허위로 특정 홍보 업체에 관한 옹호글을 쓴다든지 하는 조작도 해서는 안 된다. 그러나 소수의 카페에서 자행되고 있는 문제를 모든 맘 카페가 다 그렇게 운영되고 있다고 보도하는 것은 명백한 일반화의 오류에 지나지 않는다.

사람은 보는 만큼 믿는다고 했다. 일부 카페에서 '수익'을 얻는 방법을 잘못 악용했을 뿐이지, '돈과 부(富)'에 대해서까지 부정적으로 바라볼 필요는 없다. 맘 카페의 긍정성을 알고 그것을 본 사람들은 카페라는 훌륭한 플랫폼을 잘 이용해서 사업적으로 성공할 수 있다고 믿는다. 나 또한 카페가 친목도모에만 그치지 않고 여성들이 마음껏 자아실현을 하고 꿈을 이루는, 그러면서도 경제적으로도 도움이 되는 긍정적인 면이 더욱 부각되었으면 하는 바람이다. 그리고 그러한 성공 사례가 점점 늘어나길 기대하고 있다. 스스로에게도, 우리 아이들에게도, 지역 사회에도 선한 영향력을 행사할 수 있는 커뮤니티를 운영해나가는 것이 나의 가장 큰 목표이다.

돈을 벌어야 하는 이유
VS. 돈을 벌 수밖에 없는 이유

여성은 열심히 공부해서 대학 나오고 취직해서 또 열심히 직장 생활하다가도 임신하고 아이를 낳으면 꼼짝없이 집안에 들어앉아야 한다. '육아는 엄마 몫'이라는 편견이 오랫동안 사회에 만연해 있는 탓에 남편에게 육아를 위한 퇴직을 요구할 수도 없다. 그동안 공부했던 것, 쌓아왔던 경력은 한순간에 무용지물이 되고 만다. 결혼한 여성에 대한 사회적인 차별은 이미 도를 넘어선 지 오래다. 한 시립발레단에서는 단원이 임신을 하자 "일주일의 시간을 줄 테니 그만둘지 잘 생각해보라." 며 사실상 퇴직을 강요했고, 어느 주류 업체는 여직원이 결혼을 한다는 이유로 퇴직을 종용하는 일까지 벌어졌다. 여성의 지위가 예전보다 많이 높아졌다고 하지만 여전히 여성들은 '성차별의 부당함'을 부르짖어야 할 만큼 공공연하게 차별을 감내하며 사회생활을 할 수밖에 없는 현실이다.

통계청 자료에 따르면 직장을 그만둔 후로 다시 일자리를 잡지 못한 경력단절여성(기혼)이 2016년 기준 205만 명에 달한다고 한다. 당연히 가장 큰 이유가 결혼과 육아다. 결혼을 하면 내조에 집중해야 한다는 이유로, 출산을 하면 육아를 해야 한다는 이유로 직장을 그만두는 것이다. 아마 모르긴 몰라도 이 수치 안에는 자신은 계속 다니고 싶지만 직장의 눈치 때문에 어쩔 수 없이 그만둔 여성들이 상당수일 거라 예상된다. 아이를 어느 정도 기르고 나서는 취업을 하고 싶어도 받아주는 곳이 없다. 애 있는 엄마는 직장에 집중을 잘 못할 거라는 역시 그릇된 편견이 작용하는 것이다.

출산을 하고 엄마가 된 다음에 일을 다시 시작하면 일종의 분열된 느낌, 자신이 둘로 쪼개진 느낌을 받을 가능성이 아주 높다. 한편으로는 생각과 애정이 갓난아이에게 집중되면서, 다른 한편으로는 직업적인 책임감을 떠안아야 한다. 주로 여자들에게만 영향을 미치는 상황이다. 여자는 원래 '다양한 정체성' 사이를 오락가락한다. 가정에서는 엄마로, 직장에서는 일하는 사람으로 하루에도 두 가지 정체성을 오락가락한다. 선택의 여지가 없는 두 가지 정체성인 셈이다. 그뿐만이 아니다. 정

잘나가는 여자들에겐 커뮤니티가 필요하다

체성의 변화 때문에 감정적인 노력을 많이 기울여야 하는 데다 출산 뒤에는 물리적으로 아이의 빈자리가 끊임없이 느껴진다. 이 모든 것 때문에 자녀의 수와 상관없이 정체성이 전환될 수밖에 없다.

엄마가 되겠다는 결정은 우리 시대 여성들의 도전이다. 사회적 차원에서 모성애의 가치를 회복하는 일은 시간이 필요한 과제다. 더 많은 세대로 이어지지 않기를 바랄 뿐이다.

이 시대의 여자이자 엄마들은 (가족에게 삶다운 삶을 제공하기 위해 반드시 필요한 일을 하며) 가정을 돌보는 동시에 직장에서 돈 버는 일을 하고 자녀를 돌보면서 평생 곡예를 계속한다. 그들은 다음 세대가 성장하고 발전할 토대, 사회적 구성 요소가 되는 발판을 세우는 사람들이다.

스페인 임상심리학자 헴마 카노바스 사우는 그의 저서《엄마라는 직업》에서 엄마가 된 여성이 느끼는 심리적인 변화를 정확히 콕 집어내며 설명한다. 그리고 여성은 엄마가 된 후에 자신에 대해 더욱 잘 알게 된다고 밝혔다.

어느 통계에 따르면 전업주부의 가사노동을 돈의 가치로 환산했을 때 무려 월급으로 380만 원이나 된다고 한다. 그러나 현실적으로 사회에서 받아들이는 가사노동의 가치는 제로(0)다. 우리가 가사노동을 하면서 그 일이 지겹고 재미없는 이유는 아무런 보상이 없기 때문이다. 게다가 주부가 집에서 가사를 돌봄으로써 절약

되는 돈은 눈에 띄지도 않는 돈이고, 실제로 내 통장에 숫자가 찍혀야 비로소 '버는 돈'이라는 인식이 팽배하다. 주부들을 그저 집에서 '노는 사람' 취급하는 이 사회의 잘못된 인식이 그녀들을 더욱 고단하게 만든다. 그녀들의 삶은 절대로 잉여로 취급받아서는 안 된다. 가족의 편안한 일상을 만들기 위해 하루 12시간이 넘게 혹은 그보다 더 많은 시간을 가사노동에 할애한다. 게다가 가족 누가 아프기라도 하면 엄마의 근무시간은 쉴 틈도 없이 늘어난다. 그런데 더 아이러니한 것은 같은 엄마들조차도 가사노동에 전념하는 자신을 부끄러워하고 인정받지 못하는 경력이라 치부한다.

그러나 꼭 그렇게만 생각할 게 아니다. 요즘은 살림 잘하는 것도 능력이다. 가사노동을 돈으로 바꾸며 사는 사람들이 점점 많아지고 있다. 수많은 블로거, 카페 운영자 등이 보잘것없다고 부끄러워하는 대신 그것을 자신의 직업으로, 능력으로 만들어가고 있다. 자신이 평소 살림을 잘하고 그것에 자신이 있다면 살림에 대해 커리큘럼을 만들어 처음에는 소수의 인원을 모아 강의를 진행해볼 수 있다. 만약 바느질에 관심이 있다면 해당 과정을 알아보고 수강을 한다. 수강 후에는 자신만의 아이디어를 입혀 수제품을 만들어서 블로그나 카페에 올리거나 지역 장터를 활용해서 판매할 수도 있고, 강의를 해도 좋다. 강사로서의 경력이 쌓이면 그만큼 노하우가 생기고 그것을 어떻게 사업화할 수 있을지 아이디어가 떠오르게 된다. 또 그런 사례를 모아 책으로 출간할 수도 있고 그러면 자신의 가치는 올라간다. 사회에서 인정받고 자신감이 생기면 아이에게나 남편에게도 떳떳하고 즐거운 인생을 살 수 있다. 이처럼 온갖 제약에 부딪히면서도 자신이 하고 싶은 일을 찾는 데 도전하는 여성들이 많아지고 있다.

자신감을 얻고 성취감을 얻기 위해서 꼭 자신이 좋아하는 일로 돈을 벌어보길 바란다. 반드시 대단한 일이 아니어도 좋다. 무엇을 해서 '돈을 벌어야지'라고 생각하기보다 '하면 즐겁고 시간 가는 줄 몰라서 하다 보니 돈이 벌리는 일'을 찾아보자. 내 아이에게 입힐 옷을 좋은 천을 구해 내 손으로 만들어 입히는 게 좋아서 하나씩 만들다가 아이 옷 전문 쇼핑몰을 창업해서 돈을 벌어들일 수도 있고, 내 아이에게 좋은 재료로 정성을 들여 맛있는 음식을 만들어 먹이는 게 행복해서 한 끼 한 끼 만들어 먹이다가 유아 반찬 전문점을 낼 수도 있는 것이다. '돈'에 집중할 것이 아니라 내가 해서 기쁘고 행복한 '무엇'에 초점을 맞추어야 즐겁게 일할 수 있고, 오랫동안 일할 수 있게 된다. 처음에는 흥미로 시작하되 점차 사업적인 측면으로 옮겨가면 좋아하는 일을 하면서도 수익을 낼 수 있는 아이디어가 떠오를 것이다. 좋아하는 일을 즐겁고 행복한 마음으로 할때 돈은 따라오는 법이다.

네이버,
다음 카페는 커뮤니티의 기본

우리나라는 네이버나 다음 같은 포털사이트에서 커뮤니티를 쉽게 만들고 활성화시킬 수 있는 시스템을 제공하기 때문에 커뮤니티를 온라인으로 활성화하기가 다른 나라에 비해 쉽다. 외국에는 블로그나 트위터 같은 개인 페이지는 있어도, 많은 사람들이 모여서 소통하는 커뮤니티 페이지를 포털사이트에서 제공하는 경우는 거의 없고, 있다고 하더라도 우리나라처럼 활성화되어 있지 않다. 미국이나 중국에 있는 한인들이 하나같이 커뮤니티 홈페이지를 운영하는 것을 보면 국민성이 이유가 될 수도 있겠지만, 아무래도 네이버나 다음 등 포털사이트에서 우리나라 국민성을 잘 파악하고 포털이 활성화할 수 있는 방안 등을 겸해 잘 만든 것 같다.

오프라인으로 커뮤니티를 만들었다고 해도 커뮤니티의 체계를 만들고 활동을 기록하기 위해서는 온라인 활동을 병행하는 것이 좋다. 또한 커뮤니티를 더 크게 활성화하기 위해서는 온라인이 필수이기도 하다. 네이버나 다음에서 제공하는 커뮤니티는 검색을 했을 때, 카페 단계에 따라 검색어로도 노출이 되어 해당 카페를 몰랐던 사람도 가입을 유도할 수 있다는 장점이 있다. 예를 들어, 김포맘 한아름 카페의 존재를 몰랐던 사람들이 '한강신도시 유치원'에 대해서 검색하다 보면 김포맘 한아름 카페에 올라왔던 '한강신도시 유치원'에 관한 글을 보게 되고, 더 많은 자료를 찾아보기 위해 김포맘 한아름 카페에 회원으로 가입하게 되는 것처럼 말이다.

카페를 개설하는 방법은 의외로 쉽고 모바일로도 간단하게 만들 수 있다. 먼저 포털사이트를 선택하여 회원가입을 한다. '카페' 부분을 클릭한다. '카페 만들기'를 클릭한다. 카페 이름, 주소 등 양식에 따라 적어야 하는 사항들을 기재하면 카페가 생성된다. '카페 관리'에 들어가서 어떤 항목들이 있는지를 살핀다(이때부터는 카페와 한동안 씨름을 해야 한다). 항목 탭을 따라 클릭해 보면 회원 관리는 어떻게 할 것인지, 카테고리는 무엇으로 구성할지, 회원 등급은 어떻게 나눌 것인지 등 설정할 수 있는 화면이 보인다. 그러면 자신이 구상하는 대로 설정을 해나가면 된다. 한 번에 모든 것을 조정하기 힘들다면 카페를 운영하면서 필요한 부분들을 그때그때 다시 설정할 수도 있다.

카페를 개설하는 방법은 매우 간단해서 포털사이트에 나와 있는 정보나 책을 통해 금방 숙지할 수 있다. 그러나 카페를 어떠한 목적을 가지고 어떻게 운영할 것인가가 더 중요하고 이에 대해 집중하는 것이 카페를 활성화를 시킬 수 있는 열쇠이다. 카페 메뉴의 카테고리 구성은 카페를 만든 목적을 체계화해놓은 것과 같으므로 첫 시작 단계부터 잘 기획하고 체계적으로 잘 구성해야 한다.

예를 들어, 마을교육에 관심 있는 사람들을 모아 자유롭게 마을교육을 진행할 수 있도록 하는 카페를 만들고 싶다면, 마을교육에 관한 정보나 자료들을 올리는 카테고리, 지역별 모임 카테고리, 이 카페에서 마을교육을 받고 난 사람들의 후기를 올리는 카테고리 등으로 구성할 수 있을 것이다. 또한 카페를 예쁘게 꾸미기 위해서는 포토샵이나 일러스트를 할 수 있는 사람이 있으면 좋다. 그러나 기본적으로 포털사이트에서 제공하는 디자인도 예쁘고 깔끔한 것들이 많으니 활용해보는 것도 나쁘지 않다.

카페를 만드는 것만큼 중요한 것이 카페를 활성화하는 것이다. 활성화라 함은 카페에 가입한 회원들이 자발적으로 글을 올리고 서로 댓글을 달며 활발하게 활동하는 것을 말한다. 카페를 활성화하려면 최대한 많은 구성원들이 다양한 활동을 할 수 있도록 동기를 부여하고 지원하는 것이 중요하다. 수시로 회원들에게 도움이 되는 이벤트를 기획하고 진행하면서 회원들의 참여를 이끈다. 활발한 회원이 늘어날수록 카페가 정체되는 것을 막을 수 있고 계속해서 사람들이 유입되고 소통하는 커뮤니티라는 것을 증명할 수 있다.

온라인에서 어느 정도 친분이 쌓이면 정모나 소모임 등 오프라인 모임을 기획하는 것도 좋다. 모임은 운영자가 나서서 만들어도 되고 회원들 중에서 마음이 맞는 사람들끼리 모임을 가질 수도 있다. 카페가 활성화될수록 오프라인 모임이 빈번히 열리게 된다. 온라인에서만 만나는 것보다 오프라인으로 만나면 더욱 끈끈한 커뮤니티가 형성되는 장점이 있다.

여러 활성화 방법 중, 온라인 카페에서 가장 중요한 것이 '정보' 즉 콘텐츠다. 사람들은 콘텐츠를 보기 위해 카페에 방문하고 자신이 궁금해하는 것에 대한 정보를 얻기 위해 카페에 접속한다. 회원을 늘리는 방법 중에 하나가 좋은 콘텐츠를 많이 쌓는 것이다. 좋은 콘텐츠가 많아야 카페 글을 보는 횟수가 늘어나고 사람들이 많이 찾아오는 카페가 되는 것이다. 또한 콘텐츠가 양질의 것들이어야 사람들이 검색을 했을 때 우리 카페로 들어올 수 있는 확률이 높아지고, 검색어나 태그 등을 사람들이 흥미 있을 만한 것들로 작성하는 것도 중요하다.

요즘은 카페 하나만 잘 만들어서 운영할 줄 알면 그것으로 돈을 벌 수 있다. 카페 주제와 연관된 광고를 대문에 올리고 광고비를 받을 수도 있고, 카페 안에 사업적인 요소를 추가하여 운영할 수도 있다. 점포가 없어도 사업을 할 수 있는 플랫폼을 손쉽게 만들 수 있는 세상인 것이다. 나만이 가진 아이디어가 있다면 이러한 카페를 만들어 사업화시켜 보는 것도 좋을 것이다.

Chapter
02

여자들이여,
이왕이면 모여서 딴짓을 하라

여자 셋이 모이면 접시가 깨진다?
단단해진다!

여자 셋이 모이면 접시가 깨진다.

Three women make a market.

옛말에 '여자 셋이 모이면 접시가 깨진다'는 말이 있다. 우리나라에서는 '여자가 셋 모이면 솥뚜껑이 안 남아난다'는 말과 함께 끊임없이 자신을 보호하고 기득권을 차지하려는 욕망을 가진 존재, 시기와 질투의 화신으로 여자를 비하하는 의미로 쓰인다. 중국에서도 마찬가지다. 고대 중국인들은 여자 셋이 모이면 어떤 음모가 벌어진다고 믿었다고 한다. 동양에서는 비교적 여자 셋의 의미가 굉장히 부정적으로 해석되지만 영어로 보면 어떤가. 여자 셋이 '마켓을 만든다, 경기를 돋운다, 판로가 생긴다'는 긍정적인 의미를 담고 있음을 알 수 있다.

여자들이 모이면 힘이 된다. 온라인 카페를 기반으로 지역 맘 카페가 활성화되기 시작한 지 10년, 힘을 모아야 할 일이 생길 때면 여자들은 늘 엄마라는 이름으로 뭉쳤다.

성남에 있던 보호관찰소가 분당 서현으로 기습 이전을 강행했을 때 엄마들은 가장 먼저 나섰다. 엄마들이 지역 주민과 함께 분당학부모비상대책위원회를 결성하고 입주 철회 운동에 나선 것이다. 모르는 사람들은 지역 이기주의가 만든 지나친 님비^{NIMBY} 현상이라고 치부하지만, 엄마들을 거리로 나서게 한 절박함은 부모가 아니면 모를 일이다.

보호관찰소라는 시설은 범죄를 저지른 사람의 재범 방지를 위해 보호관찰, 사회봉사 등을 지도하고, 체계적인 사회 내 선도와 교화가 필요하다고 인정되는 사람에 대해 교육하는 기관이다. 이 자체는 사회적으로 반드시 필요한 기관임은 부정하지 않는다. 그러나 '지역에서 가장 번화하고 시민과 학생들의 이동이 많은 중심부에 이와 같은 시설을 세워야 하는가?'에 대해 생각해보면 왜 반대할 수밖에 없는지 알 수 있다. 게다가 보호관찰소에서 상담을 받고 나온 전과자가 귀가하던 초등생을 성추행하는 사건이 일파만파 퍼지면서 보호관찰소 입주를 반대하는 집회는 더욱 거세게 일었다. 부모라면 당연히 이런 시설이 주변에 생긴다는 것에 두렵고 불안할 수밖에 없다. 어찌 이런 일을 이기주의라고만 치부할 수 있겠는가. 급기야 분당 맘 카페를 비롯하여 분당 학부모 천여 명은 서현역 로데오거리에 모여 법무부에 거세게 항의했고, 이전 닷새 만에 다른 곳으로 다시 이전하기로 했다.

인천 검단 맘 카페에서는 이런 일도 있었다. 지역 내 한 어린이집에서 유아 사망 사건이 일어났는데 이상하게도 사고를 낸 어린이집 원장으로부터 피해자의 엄마가 공격을 받았다. 어린이집 측에서는 100일도 안 된 아이를 어린이집에 맡긴 부모가 잘못되었다고 주장한 것이다. 어린이집이나 피해자 부모의 이야기를 둘 다 들으니 어린이집 원장이 뭔가 숨기고 있다는 정황이 드러났고 카페는 공지 글을 쓰고 회원들이 모두 뭉쳐 또 다른 피해를 막고자 해당 어린이집 원장에게 더 이상 보육시설을 운영하지 못하도록 했다. 또한 지역 내에서 시설 허가도 받지 않고 영업을 해온 어린이집을 카페에서 자체적으로 발견하여 해결하는 등 엄마의 힘으로 악의 무리(?)와 맞서 싸운 대표적인 사례들이 있다. 이러한 사례는 한둘이 아니다. 김포 한강신도시에서도 불법 유해업소를 엄마들의 힘으로 밀어냈으며 전국의 다양한 맘 카페에서 사회에 도움이 되는 정책을 제안하는 등 여러 가지 유익한 활동에 영향력을 행사하고 있다.

여자 셋이 모이면 접시가 깨진다고? 절대 그렇지 않다. 여자 셋이 모이면 혼자서 할 수 없는 일들을 이룰 수 있다. 요즘은 여성들의 모임을 '동네 아줌마 수다 모임'이라고만 생각하면 오산이다. 그녀들이 모이면 불우이웃돕기 성금이 모이고, 돈을 벌 수 있는 사업 아이템이 생기고, 회사가 만들어지고, 지역 사회가 변한다.

엄마들에게 이런 힘이 생긴 데에는 커뮤니티의 영향이 크다. 처음에는 온라인 커뮤니티를 통해 소극적인 만남을 이어가던 사람들도 직접 얼굴을 대면하고 서로 정보와 의견을 주고받으며 더욱 생산적인 일에 힘을 모으게 된 것이다. 우리 한아름 카페에서도 엄마들이 모여 더욱 많은 것들을 담을 수 있는 크고 단단한 접시를 만드는 데 공을 들이고 있다. 그중에 한 가지가 재미있게 기부에 동참하자는 취지로 만든 기부 카페를 통해 활발히 운영되고 있는 기부 모임이다. 우리가 진행하는 기부는 그냥 돈을 모아서 단체에 기부하는 것이 아니라 기부 받은 재료를 활용해서 엄마들이 모여 2차 생산품을 만들고, 그것들을 판매한 수익금을 기부하는 방식으로 진행한다.

처음에 이 기부 형식을 도입하게 된 계기가 있다. 한아름 카페 한 회원이 리본 공예를 하다가 갑자기 일을 하게 되어서 집에 남

잘나가는 여자들에겐 커뮤니티가 필요하다

아 있는 리본 공예 재료를 한아름 카페 운영진에게 기부해 주었고 운영진은 이 재료들을 활용하여 2차 생산품을 만들 회원들을 모집했다. 처음에는 10명 남짓한 사람들이 모여 공예품을 만들었고 그걸 판매한 수익금을 기부했다. 10명으로 시작했지만 나중에는 참여하는 사람들이 무수히 늘어나 지금은 약 20~30명 가까이 모인다. 단순히 돈을 모아서 기부하는 것보다 이렇게 기부를 하니 엄마들이 모여 좋은 일에 참여할 수 있다는 기쁨이 더 커지고, 엄마들의 재능을 이어갈 수 있기 때문에 삶에 활력도 생기는 긍정적인 효과가 있어서 운영진들과 회의를 거쳐 이러한 기부 방식을 더욱 체계화하게 되었다. 우리 운영진 중에서는 리본 공예를 할 수 있는 사람이 없었지만 여러 사람을 모집하다 보니 그중에 리본 공예를 잘하는 사람들이 모이고, 인원이 점차 늘어날수록 뛰어난 실력을 가진 사람이 대다수의 사람들에게 공예를 가르칠 수 있는 형태로 발전해갔다.

지금은 '달에서 온 토끼'라는 이름의 오프라인 기부 카페를 만들어서 재료 기부도 받고 그것을 핸드메이드 키트로 만들어 더 많은 사람들이 2차 핸드메이드 제품(수세미, 패브릭 컵받침, 양말인형 등)을 만들어서 판매해 기부할 수 있는 재미있는 기획으로 지역 내에서도 많은 호응을 얻고 있다. 그리고 여기에 흥미로운 이야기와 퍼네이션(Funation, Fun+Donation)이라는 가치를 부여해서 더 많은 사람들이 찾아오고 참여할 수 있도록 유도해 나가고 있다. 게다가 언론에서 이러한 엄마들의 기부 모임에 대해 취재를 하고 기사를 낼 정도로 유명세를 타기도 했다.

여자 셋이 모여 만나는 사람마다 붙잡고 늘어져서 하소연과 험담으로 접시가 깨지도록 수다를 떤다는 이야기는 이제 고리타분한 옛날이야기에 불과하다. 현대에는 여자들이 모여 힘을 보태고 가족과 지역을 위해 나서는 용기로 변화했다. 여자 셋만으로도 못할 일이 없다.

뒤돌아보면,
내 안에 보석이 있었다

어떠한 일을 했을 때 자신도 모르게 그 일에 빠져들고, 집중하여 몰입하고 있다는 걸 알게 되는 순간이 있다. 관심 있는 분야의 커뮤니티(동아리, 스터디 등)를 만들고 활동하다 보면 어느새 '나도 할 수 있다'는 자신감이 붙고, 그 일을 더욱 잘하고 싶다는 긍정적인 욕심이 생긴다. 내 자신에 대한 가치도 한층 높아지고 살아있다는 성취감도 얻는다.

내가 운영하고 있는 카페에서 주최했던 〈슈퍼우먼 페스티벌〉에서는 축제 준비 전담팀을 만들어 행사를 준비했는데 평범한 엄마들이 팀을 꾸렸다. 이 중에서 업체들을 섭외하고 안내하는 일을 맡은 한 엄마는 페스티벌을 준비하며 너무나 몰입한 나머지 끼니를 거른 것도 까맣게 잊은 채 일에 열중했다. 나중에 들은 이야기지만, 그 일을 하면서 가슴이 정말 두근거리고 일을 함으로써 자신이 살아있다는 느낌을 굉장히 많이 받았다고 했다. 마치 어릴 때 학교에서 하는 축제를 준비하는 것처럼 설레고 재미있고 흥분되는 기분을 느꼈다고 한다. 또 어떤 엄마는 커뮤니티에서 스태프로 일하면서 자신이 서류 정리나 물건 정리를 잘한다는 사실을 발견하고는 그 분야에 대해 자신감을 가지게 되었고, 전문가로 나아가기 위해 준비하게 된 사례도 있다.

나도 마찬가지다. 커뮤니티를 운영하면서 '내가 가치 있는 사람이고, 나도 무언가를 해낼 수 있는 사람이고, 나도 잘할 수 있다'는 것을 많이 느낀다. 나는 어떠한 필요나 문제점 등을 잘 파악하고 대화를 통해 사람들의 아이디어를 듣고 받아들인 후, 그것들을 조합하여 새로운 아이디어를 기획하고 실현하는 일을 잘한다. 김포에 신도시가 생긴 지 얼마 되지 않았을 때, 김포 지역 내에서 즐길 거리가 없어 김포시민들이 타 지역으로 많이 나간다는 것을 알고 김포에 있는 물적 자원과 인적 자원을 활용해서 신나는 페스티벌을 기획하고 시민들이 멀리 나가지 않고도 즐길 수 있는 다양한 행사를 기획했다.

지금은 타 지역 주민들도 김포에 찾아오는 행사로 자리매김했고, 교육 체험, 교육공동체 등 매번 다른 기획으로 진부하지 않은

잘나가는 여자들에겐 커뮤니티가 필요하다

행사가 되도록 노력하고 있다. 한 발 더 나아가서 현재 큰 인기를 끌고 있는 방 탈출 게임을 아쿠아리움에 접목시켜 토요일 밤에만 즐길 수 있는 특별한 행사 '미션탈출 나이트 아쿠아리움'을 기획 하여 대기업에서 운영하는 시설에도 사람들이 좋아할 만한 콘셉 트를 입혀 사람들을 모객하는 일까지 진행하고 있다.

내가 무엇을 잘하고 무엇에 소질이 있는지 해보기 전까지는 절대로 알 수 없다. 그런 의미에서 지역 맘 커뮤니티는 엄마 들의 소질과 재능을 찾아주는 곳이기도 하다. 집에서 는 드러날 기회가 없었던 재능이 커뮤니티에서 활동 을 하며 찾아지는 신기한 경험을 이미 많은 엄마들이 몸소 체험하고 있다. 내가 운영하는 한아름 카페 역시 엄마들 이 가진 재능이 너무나 아까워서 혹은 그 재능이 빛을 발할 수 있 기를 바라며 엄마들의 자아실현을 가장 큰 목표로 내세워 운영하 고 있다. 핸드메이드 제품 만들기, 독서 모임, 어학 모임, 상담, 부 모교육 등 최대한 다양하고 많은 교육 강좌를 만들고 그 안에서 엄마들끼리 서로 배우고 가르치며 성장하고 발전할 수 있도록 꾸 미려 노력하고 있다.

누구나 가슴속에 하나쯤의 보석을 보관하고 있다. 그 보석을 열심히 찾는 사람에게는 나타날 것이고, 그냥 내버려두면 죽을 때까지 발견하지 못한 채 생을 마감한다. 그 보석을 발견하고 끄집어내어 열심히 모양을 다듬고 반짝반짝 닦아주면 더욱 빛나고 가치 있는 것이 된다. 내 안에 있는 보석은 혼자만 있을 때는 발견하기가 쉽지 않다. 커뮤니티 안에서 적극적인 참여를 하고 자신을 내보였을 때 더 쉽게 발견할 수 있다.

30년 동안 길가에 앉아 구걸을 한 거지가 있었다. 그는 여느 날과 마찬가지로 지나가는 사람들을 향해 "한 푼 줍쇼"라고 나직하게 웅얼거리고 있었다. 그때 지나가던 한 행인이 거지에게 말했다.

"지금 주머니에 든 돈이 없어 적선을 할 수가 없어 미안하오. 그런데 당신이 걸터앉은 그 상자는 무엇이오?"

"이거 말이오? 그냥 낡은 상자죠. 늘상 여기 앉아 구걸하고 있는데 언제부터 내가 여기에 앉아 있었는지는 잘 기억이 나지 않소. 어쨌든 쭉 여기 있었소만……."

행인은 상자를 가리키며 말했다.

"한 번이라도 그 안을 들여다본 적이 있소?"

"그건 봐서 뭘 합니까? 안에는 아무것도 없겠지요."

거지는 마지못해 행인의 말을 듣고 자신이 30년 동안 깔고 앉았던 상자를 열어보았다.

그런데 이게 웬일인가? 상자 안에는 놀랍게도 금이 가득 차 있었다.

잘나가는 여자들에겐 커뮤니티가 필요하다

이 이야기는 21세기 영적 교사로 추앙받고 있는 에크하르트 톨레의《지금 이 순간을 살아라》에서 가장 첫 장에 등장하는 이야기이다. 이야기 속에 등장하는 '거지'라는 단어에 집중하지 않길 바란다. 자신이 무엇을 했을 때 가장 가치 있는지를 모르는 사람은 계속해서 그것을 바라기만 하고 갈망하기만 하는 거지와 다를 바 없다는 뜻이다. 이야기 속에 거지가 30년 동안 깔고 앉은 낡은 상자의 보석처럼 우리 모두에게는 아직 발견하지 못한 잠재된 보석들이 있다. 나는 여자들이 스스로 자신이 무엇을 했을 때 기쁘고 행복한지, 무엇을 하며 남은 인생을 풍요롭게 만들 수 있을지, 어떻게 조금 더 멋진 삶을 살아갈지 고민해야 아내로서, 엄마로서, 여자로서 더욱 빛나게 될 것임을 확신한다.

자신이 관심 있는 분야를 발견했다면 적극적으로 커뮤니티 활동을 해보라. 기존에 있는 커뮤니티 안에서 자신이 참여할 만한 모임에 들어가도 좋고, 아예 자신이 찾은 분야에 대한 커뮤니티를 새로 만들어도 좋을 것이다. 요즘은 누구나 지식인, 전문가가 될 수 있지만 아무나 유명해지는 것은 아니다. 열정을 가지고 그 분야에 몰입하면서도 혼자가 아닌 여러 사람들과 함께 커뮤니티를 이끌 수 있는 사람이 그 아이템으로 사람을 모으고 사업으로 키워갈 수 있다.

나도 한아름 카페를 운영하기 전에는 엄마들에게 도움이 되는 아이 교육 정보를 연재하고 모으는 카페를 운영했다. 한아름 카페에서도 회원으로 활동하며 내가 알고 있는 아이들 교육 정보와 엄마표 영어 교육 등에 대해 지속적으로 칼럼을 연재했다. 내가 올린 글에 대한 사람들의 반응이 좋다는 게 신기했고, 나름대로 카페 내에서 교육에 있어서만큼은 전문가로 인정받았다. 비록 맘 카페의 회원으로 시작했지만 그 안에서 나의 열정을 발견했고 이 일을 통해 더 큰 사업들을 벌일 수 있는 가능성을 찾아서 지금 이렇게 책도 쓰고 있다.

이런 일이 특별한 사람들에게만 일어난다고 생각하는가? 절대로 그렇지 않다.

한낮에 즐기는
나이트 파티!

2015년 어느 날, 김포맘 한아름, 너나들이 검단맘, 일산아지매, 인천맘 소중한인연, 부천 애솔나무 이렇게 다섯 맘 카페가 모여 킨텍스 전시장에서 화끈한 축제를 벌였다. 이름하여 '한낮의 클럽 파티'다.

사실 여자들은 결혼하고 나면 나이트나 클럽은커녕 노래방도 제대로 가기 쉽지 않다. 물론 남자들도 마찬가지다. 즉석 만남의 목적이 아니라 단순히 음악과 함께 몸을 흔들며 스트레스를 풀 목적으로 나이트나 클럽을 간다는 의미에서 그렇다는 거다. 더군다나 아이를 낳고 나면 이런 곳과는 영원히 굿바이를 해야 한다. 한 번도 나이트나 클럽을 가본 적이 없는 엄마들이라면 평생에 한 번도 가보지 못하고 생을 마감해야 할 수도 있다. 그래서 다섯 카페는 1년에 한 번, 아이들이 어린이집이나 유치원에 갔을 낮 시간을 이용하여 여자들만 모이는 클럽 파티를 기획했다. 이 얼마나 건전하면서도 재미있는 행사인가!

사실 처음에는 가볍게 놀아보자는 취지였고, 쑥스러우니 누군가 춤을 추면 구경만 하겠다는 사람들이 많았다. 그래서 'Don't Touch Me'라는 스티커를 만들어 그것을 붙이고 있는 사람은 절대로 무대로 끌고 가지 않기로 규칙을 정하기도 했다. 그러나 나이트 파티가 시작되자 다들 너무나 신난 나머지 아무도 스티커를 사용하지 않았다. 또 베스트 드레서를 뽑는 자리도 마련했는데 한 엄마는 열기가 후끈한데도 땀을 뻘뻘 흘리며 두꺼운 패딩점퍼를 벗지 않고 있다가 베스트 드레서 차례가 되자 무대에 나와 그 패딩을 벗어던졌다. 그 패딩점퍼 속에는 온몸에 둘러진 LED 전구가 반짝이고 있었고 모두들 그분의 유쾌한 쇼맨십에 배꼽을 잡고 웃었다. 나이가 들면서 배꼽 잡고 웃는 날이 얼마나 될까. 이날의 스트레스 해소로 1년을 버틴다는 엄마들도 있고, 이날을 위해 댄스를 배우고 몸매를 가꾸는 엄마들도 있다.

또 1년에 한 번 있는 정기모임 장기자랑 시간에는 아이를 데리고 온 한 엄마가 자신의 아이를 옆자리 엄마에게 맡겨두고는 브레이크 댄스를 추기도 하고, 지역 주민들이 모인 축제에는 여러 엄마들이 모여 중창단을 만들어서 예쁜 드레스를 입고 꾀꼬리 같은 목소리로 화음을 들려주기도 했다. 중창단 엄마들은 예술제 등 지역 내 다양한 행사에도 초청되어 지속적으로 공연을 이어나가고 있다. 이렇게 많은 끼와 재능이 집안 살림에 묻혀 빛을 보지 못한다는 건 정말 안타까운 일이다.

'내가 무슨 노래야, 내가 무슨 춤을 추겠어, 아줌마가 이 꼴로 무슨 클럽 파티야.'라고 생각하는가? 커뮤니티는 이렇듯 허무맹랑하기만 했던 꿈을 응원하고 실현하는 멋진 곳이다.

이렇게 파격적이고 기발한 아이디어는 모두 엄마들에 의해 만들어진다. 나도 카페를 운영하면서 여러 스태프와 앞으로 진행할 행사들에 대해 회의나 모임을 통해 이야기를 해보면 정말 통통 튀는 아이디어들이 쏟아지는데 깜짝 놀랄 때가 많다. '이런 능력자들이 집에서 아이만 보고 있었다니……'라는 생각이 절로 든다.

요즘은 엄마들의 작은 아이디어로, 그리고 커뮤니티를 적절히 활용해서 자아실현을 하고 돈도 버는 주부들이 많아지고 있다. 내 주변에도 나보다 더 커뮤니티를 잘 활용하는 청출어람의 제자들이 넘쳐난다. 카페를 이용해 아이들 반찬을 전문적으로 판매하는 엄마, 강사들과 강의를 엮어주는 강사중개 커뮤니티를 운영하는 엄마, 자신만의 독보적인 스타일로 패션 창업을 꿈꾸는 주부들을 지도하는 엄마, 가죽 가방이나 액세서리 등을 만드는 오프라인 공방과 온라인 커뮤니티를 함께 운영하는 엄마, 아이들 놀이교육 카페를 만들어 회원들과 함께 정기적으로 모여 엄마표 수업을 진행하는 엄마 등 정말 다양한 아이디어로 다양한 커뮤니티를 만들어서 운영하고 있다. 이 엄마들이 처음부터 뛰어난 기획력을 가지고 움직였다고 생각하는가? 절대 그렇지 않다. '이거 한번 해볼까?', '예전부터 난 이런 것에 관심이 있었는데……'처럼 작은 관심과 흥미에서 시작된 커뮤니티가 대부분이다. 그렇게 만들어진 커뮤니티를 자신만의 스타일로 잘 이끌어나간 것뿐이다.

이처럼 커뮤니티를 처음 구상할 때는 '주제'가 중요하다. 자신이 관심을 가지고 있으면서도 다른 사람들이 궁금해할 만한 것, 사람들이 필요로 하고 알아야 하는 정보, 즐겁게 서로 소통할 수 있는 것으로 잡아야 한다. 그래야 궁금증을 가진 사람들이 커뮤니티를 찾을 것이고, 회원들과 친분 혹은 관계를 쌓으려고 할 것이며 커뮤니티를 신뢰할 수 있게 된다. 만약 커뮤니티가 단순히 친목을 위한 것이 아니라 물건을 판매하는 구조라면 이는 마케팅적으로도 아주 유용하다.

이렇듯 커뮤니티는 여성이 도전하기에 정말 좋은 사업 플랫폼이다. 개인적으로 이런 도구를 적극적으로 활용하지 않는 것은 사회적으로도 크나큰 낭비라고 생각한다. 나 또한 미래의 사업을 바라보며 지금의 커뮤니티를 운영하고 있다. 여성의 사회 진출 혹은 사업 기회가 커뮤니티에 의해 열리고 있는 셈이다. 이렇게 사람들이 모이는 커뮤니티는 나의 경력을 쌓고, 사업을 열 수 있는 기회를 제공해준다. 이제 더 이상 경력이라는 것이 직장에서만 쌓을 수 있는 것이라고 생각하지 말자. 커뮤니티에서도 얼마든지 가능하다. 짜인 각본대로 일사분란하게 움직여야 하는 회사 안에서는 이렇게 재미있는 생각들을 내보이고 실행할 수가 없다. 커뮤니티 안에서는 우리가 하고 싶은 것들을 자유롭게 계획하고 실행할 수 있다는 장점이 있다. 커뮤니티를 통해서라면 우리가 무심코 '이랬으면 좋겠다, 저랬으면 좋겠다' 하고 상상하던 일들이 이렇게도 저렇게도 이루어진다. 이른바 상상하는 것이 현실이 되는 곳이 바로 커뮤니티 세상이다.

우리 한아름 커뮤니티에서도 매년 테마를 정해 다양한 페스티벌을 열어가고 있다. 2013년에는 가장 처음으로 '가족사랑 페스티벌'을, 2014년에는 '슈퍼우먼 페스티벌', 2015년에는 '뭉쳐! 교육공동체잔치'를, 2016년에는 '교육체험 페스티벌'을 성황리에 마쳤다. 우리 지역에서 벌였으면 하는 행사, 가족 모두가 참여할 수 있는 재미있는 행사, 김포를 관광지로 만들어주는 획기적인 행사를 많이 주최하기 위해 매년 엄마들과 아이디어를 모으고 있다. 그리고 매년 우리 커뮤니티를 믿고 참여해주는 업체들이 늘어나는 것도 기분 좋은 일이다. 행사를 거듭할수록 내가 기대한 것 이상의 타 지역 유입 인구가 늘고, 상권이 활발해지고, 사람들의 얼굴에서 흐뭇한 미소와 웃음을 보는 일들은 늘 나에게 용기를 북돋운다. 꾸준히 좋은 콘텐츠로 즐거운 행사를 계속 진행해 나간다면 김포의 유명한 관광 콘텐츠가 될 것이고, 행사가 개최되는 곳 또한 김포의 명실상부한 관광 명소가 될 거라 기대하고 있다.

나는 앞으로도 이렇게 유쾌하고 신선한 아이디어가 넘치는 여성들과 더 재미있는 행사를 기획하며 커뮤니티를 키워가고 싶다. 엄마들이 함께하는 즐거운 커뮤니티를 만들고 또 나로 인해 많은 엄마들이 자극을 받길 바란다.

자신의 경력을
디자인하라

　　'탄탄한 회사에만 취직하면 노후까지 먹고살 걱정 없다'는 말은 이미 오래전에 그 불가능함이 판명되었다. 이제는 더 이상 내가 다니는 회사에서 나를 보호하고 챙겨줄 수 없는 시대가 되었다. 자신의 경력은 스스로 책임을 져야 하는 세상이라서 자신이 쌓았거나 앞으로 쌓아갈 능력에 대해 스스로 의문을 가지고 해결해야 한다. 회사의 크기에 무임승차해서 혹은 자신의 직책을 밟고 앉아 자신감을 찾을 것이 아니라 자신의 이름 석 자를 세상에 내놓았을 때 부끄럽지 않은 자신의 경력을 스스로 만들어나가야 한다는 것이다. 지금은 회사의 울타리 안에서 등 따뜻하게 있어도 언젠가는 그 회사와의 이별을 준비해야 하기 때문이다. 회사에서 주는 일만 하다가 어느덧 퇴직을 하고 남은 인생 동안 아무것도 하지 못하는 우리네 아버지, 어머니를 보면 더욱 그런 생각이 든다. 모든 것을 지시에 따르며 살았을 뿐, 스스로 자신의 삶과 경력에 대해 고민하거나 결정하지 못했기 때문이다. 물론, 그분들의 그러한 희생이 있었기에 지금의 내가 이렇게 하고 싶은 일을 하며 살 수 있다는 것에 깊은 감사함을 느끼고 있다.

나는 예전부터 어느 한 직장에 얽매이기보다는 사업을 하고 싶었고, 사람을 좋아하는 성격이라 사람들과 소통하며 새로운 것을 만들어가는 직업을 갖고 싶었다. 사람들과 모여 각자의 강점을 발견하고 그로 인해 무언가 새로운 것을 기획하고 실행하는 일, 그런 일을 하고 있는 나를 상상하면 언제나 두근두근 가슴이 설레었다. 그래서 나는 단 몇 명이라도 나를 통해 자신감을 찾고 사회에서 본인의 능력을 펼치는 여성들이 나오기를 기대한다. 엄마라는 이유로 자신의 꿈과 희망을 채 펼쳐볼 기회조차도 얻지 못하는 여성들이 그나마 사회적으로 조금씩 자신의 영역을 넓혀가는 다른 엄마들에게 자극을 받고, 자신감을 얻으며 그들로부터 도움을 받는 시스템을 만들고 싶었다. 또 어려운 이웃을 돕는 재미있고 기발한 방법을 생각해내서 나눔이라는 것이 그렇게 어렵지 않다는 생각을 우리 지역뿐만 아니라 온 대한민국에 퍼뜨리고 싶다.

그래서 내가 죽을 때 '그래도 최상아가 있어서 재미있었고, 어렸을 때의 꿈을 꾸고 이루는 두근거림을 다시 느낄 수 있었다'고 말하는 여성들이 있었으면 좋겠다. 이렇게 생각하니 내가 해야 할 일들이 분명했다.

1인 기업을 꿈꾸면서도 직장 생활에 대한 미련이 쉽게 떨쳐지지 않아 가끔 이런 생각이 불쑥불쑥 나곤 한다. '다시 한 번만 더 직장 생활을 해볼까?' 하지만 또다시 내 의지가 아닌 회사의 사정에 의해, 그것도 사내정치라는 가장 한심한 조직의 폐해로 인해 악몽같은 일을 반복하고 싶지 않았다. 결국 나는 언제 그만두더라도 그만둘 수밖에 없는 직장이라면 미련을 버리고 당당하게 1인 기업가로 서보자고 마음을 다잡았다. 나는 나와 같은 고민을 하는 이 시대 기혼 직장여성들과 워킹맘들에게 내가 겪었던 시행착오를 바탕으로 좀 더 빠르게 1인 기업가로 정착하는 길을 안내하고 싶다. 엄마라는 이유로 독박육아에 시달리고 회사의 눈칫밥을 먹으면서 아줌마라 일에 집중하지 못한다는 억울한 누명으로 상처 입은 대한민국의 수많은 워킹맘들에게 진심으로 응원의 메시지를 보낸다.

반 우스갯소리로 요즘 아이들은 일하는 엄마를 더 자랑스러워 한다는 말이 있다. 집에 있는 엄마보다 일하며 돈을 벌어서 무언가 자신 있게 사주고 학원 보내주는 엄마가 더 좋다는 아이들이 많다고 한다. 한아름 커뮤니티에서 체험프로그램 보조교사로 활동하는 엄마는 자신의 아이와 함께 프로그램 보조를 하러 왔는데 수강생들이 자신을 "선생님!"이라고 부르는 것을 아이가 듣고는 "우와, 엄마가 선생님이야?" 하고 자랑스러워했단다.

이렇게 커뮤니티에서 당장은 강사로서 교육 전반을 지도할 수는 없더라도 다른 강사가 진행하는 것을 돕는 보조교사를 하며 경험을 쌓고 자신만의 노하우를 조금씩 개발해서 수업을 진행하는 강사가 될 수도 있다. 강사 선정에 까다롭고 높은 수수료를 떼는 백화점이나 마트의 문화센터에 비해 진입 장벽도 훨씬 낮다. 게다가 열심히 재미있게 가르치면 입소문이 나서 유명 강사 부럽지 않은 인기 강사가 될 수 있다. 그리고 강의하는 것이 부담스럽다면 커뮤니티를 통해 글로 가르쳐도 된다. 자신 있는 분야에 대해 온라인 커뮤니티에 지속적으로 연재 글을 올리면 그것이 쌓여서 하나의 책으로 출간될 수도 있을 것이다. 커뮤니티 회원들에게는 그것이 하나의 정보이며 글쓴이는 그 분야에 대한 전문가라는 인식이 싹트게 된다.

나도 처음에는 회원의 자격으로 커뮤니티에 아이들 교육에 대한 글을 연재했다. 그리고 학교나 학원에서 이루어지는 교육 외에도 체험, 놀이를 통해서 아이들이 스스로 배우고 깨닫는 학습을 주로 할 '교육공동체'를 만들고 활성화되었으면 하는 바람도 가지고 있었다. 그래서 내 생각을 넌지시 회원들과 공유했고 그 후, 마음이 맞는 분들이 모여 지속적으로 모임을 진행했다. 지금은 마을교육공동체를 이뤄 지역의 아이들에게 좋은 교육 서비스를 제공하고 있다. 아이디어는 내가 냈지만 이 마을교육공동체를 이끄는 팀장님은 따로 계신다. 그러나 내 꿈은 이루어졌다.

아마 이 글을 읽으면서도 반신반의하는 엄마들이 많을 거라 생각한다. 위의 인용글에서처럼 오랜 고민 끝에 1인 기업가가 되기로 다짐한 《돈과 시간에서 자유로운 인생 1인 기업》의 저자 유지은 출판컨설턴트의 이야기에서도 느낄 수 있듯이 지금이라도 스스로에게 질문해야 한다. "나는 앞으로 어떤 경력을 디자인하며 살 것인가?"를 말이다.

나는 지역 사회에서 몇 년간 활동해 오면서 여성들이 실질적으로 겪는 일들, 아이를 키우는 여성들이 공교육이나 사교육에 느끼는 것들, 교사로 재직 중인 대학 동기들이 교육 현장에서 느끼는 것들을 지속적으로 접하고 듣다 보니, 지역 사회나 교육 현장에 대한 시스템이나 정책이 현실과는 매우 동떨어져 있다는 것을 느끼게 되었다. 그래서 교육과 정책에 대해 더 공부해보고 싶다는 열망이 생겨나게 되었고, 그 분야의 박사 학위 취득을 위해 준비

중이다.

또한 단체를 만들고 사업을 하면서 행정이 따라오지 못하는 부분들에 대해 알게 모르게 답답함이 있었다. 그래서 정책에 관련된 제안을 하거나 기획을 하는 분, 정책을 결정하고 실제 행정을 하는 사람들에게 도움이 되는 강의를 진행해보고 싶은 꿈도 가지고 있다. 아직은 좀 더 구체적으로 디자인을 해야 하는 부분들이 남아 있지만 끊임없이 나의 미래와 나의 모습을 상상하고 그려 나가려고 노력하고 있다.

이 책을 읽는 독자들도 꼭 자신의 경력에 대해 한 번쯤 디자인 해보는 시간을 가졌으면 좋겠다. "당신은 앞으로 어떤 경력을 디자인하면서 살아갈 것인가?"

이제는
더 이상 속지 맙시다

커뮤니티가 활성화되면서 긍정적
이지 않은 부분들도 사회적인 문제점으로 드러나고 있는 게 사실
이다. 앞서 시사고발 프로그램에서도 맘 카페의 악영향에 대해 방
송을 내보낸 적이 있었던 것처럼 아무래도 많은 사람들이 모이는
커뮤니티 공간이다 보니 운영자의 방침이나 운영 원칙에 어긋나
는 행동을 하는 사람들도 더러 생기게 된다.

예전에는 '소비자'라는 개념조차 생소했고 교환이나 환불에
대한 규정도 소비자에게 굉장히 불리하게 적용되었으며 대체로
소비자의 입장이 수동적인 편이었다면 요즘의 소비자들은 합리
적이고 영리한 것을 넘어서 업체를 대상으로 적극적인 의견 표출

을 하거나 마음만 먹으면 업체를 쥐락펴락할 수 있을 정도로 힘이 세졌다. 이러한 현상은 실제로 소비자의 권위가 커졌다기보다는 온라인의 발달로 인해 일반인들이 여론 조작을 하기가 좀 더 쉬워졌기 때문인 것으로 보인다. 생산자나 판매자가 주는 대로 받을 수밖에 없었던 예전 소비자들에 비해 요즘에는 판매자의 불성실한 태도, 미흡한 사후관리, 판매 상품에 대한 불만 등을 소비자가 그냥 넘어가지 않고 의견을 표현하는 시대가 되었다.

지역을 기반으로 하는 맘 카페가 활성화되면서 소비자의 이러한 태도는 지역 사회에서 골칫거리로 전락했다. 누군가 어떤 식당에 다녀와서 "이 집은 직원이 불친절하고 음식 맛도 없다. 다시는 안 갈 것"이라는 글을 올리면 익명성의 날개를 달고 많은 사람들이 공감과 위로의 댓글을 올리며 동조한다. 어느새 그 정보는 지역에 퍼지게 되고 결국 그 가게는 망할 확률이 높아진다. 어떤 소비자는 아예 대놓고 마음에 안 드는 부분이 있으면 주인을 불러 세워 "이 사실을 카페에 다 공개해버릴 것"이라며 협박 아닌 협박을 하기도 한다.

누군가의 경험을 모두가 똑같이 느낄 수는 없다. 나에게 좋은 경험이라도 다른 사람에게는 안 좋은 경험일 수 있고, 그 반대의 경우도 있다. 자세히 확인되지도 않은 사실을 한 사람의 말만 듣고 옳다고 단정할 수는 없는 문제다. 이런 사례는 비단 음식점뿐만 아니라 학원이나 어린이집, 유치원, 미용실 등 다양한 곳에서 발생하고, 특정 지역에서 계속 생활할 수밖에 없는 맘 카페를 통해 이루어져 더욱 문제가 심각해지고 있는 실정이다. 어린이집이나 유치원 원장들이 지역 맘 카페 운영진을 블랙리스트로 거론한다든지 지역의 상권을 좌지우지한다는 비판이 공공연하게 맘 카페에 잠식하고 있다는 것을 알고 있다. 진짜 그런 힘을 무기로 삼는 운영자도 있을 수 있다. 카페에서 정말 나쁜 업체를 발견할 수도 있지만 근거 없는 비난 글에 피해를 보는 개인이나 사업장이 있을 수 있기 때문에 이 부분에 대해서는 많은 카페 운영진들이 스스로 주의하며 불미스러운 일을 만들지 않기 위해 조정하는 노력을 기울인다. 실제로 카페 운영진들은 많은 시간을 이러한 일을 중재하는 데 소비한다.

소비자의 목소리가 커진 것은 분명히 긍정적인 효과가 있다. 생산자나 판매자의 서비스 혹은 제품의 질이 좋아지고 사후관리에도 신경을 쓰게 되기 때문이다. 그러나 그것을 악용하는 소비자와 전후 상황은 파악하지도 않은 채 얼굴 없이 덤벼들어 동조하는 댓글들이 문제가 되는 것이다.

2~3년 전만 해도 커뮤니티에 올라온 글 때문에 정말 가게 문을 닫는 업체들도 있었고, 카페 운영자들 역시 한 사람의 경험 글을 고스란히 믿어서 애꿎은 업체만 불이익을 당하게 하는 경우도

있었다. 카페 내에서 특정 업체와 관련되어 안 좋은 정보가 눈덩이처럼 불어나도 운영자가 개입하면 일이 더 커지기 때문에 귀찮으니 방관하는 경우도 꽤 많다. 그래서 오히려 지역 음식점이나 업체들에서 커뮤니티에 '좋은 글이든 나쁜 글이든 상관없이 글이 올라가는 것조차 피해'라고 말하는 사람들도 부지기수였다. 그러나 맘 카페 운영자들도 이제는 더 이상 속지 않는다. '사람 일은 양쪽 말을 다 들어봐야 한다'는 말이 있듯이 카페 회원의 말이라고 해서 무조건 동의하고 나서지 않게 되었다. 정말 그러한 사실이 있었는지 상황 파악을 하고, 소비자의 말이 정말 타당한지 판매자의 말도 들어보며 조정하는 입장이 되어가고 있다. 명예훼손이나 관련 법률에 대해서도 해박한 지식을 쌓아 카페 내에서 불미스러운 일이 발생하는 것을 막고 설령 발생하더라도 원만하게 해결할 수 있는 법을 터득해가고 있는 셈이다.

나는 이것이 일종의 정화 작용이라고 생각한다. 맘 카페 운영자들이 상황 파악에 나서면서 회원들이 개인적인 의견을 게시하는 건 좋지만 특정 업체가 어디인지 밝히지 않도록 주의를 준다거나 카페 내에서 업체와 회원 간의 불미스러운 일이 발생했을 때 카페 분위기를 흐리지 않도록 당사자끼리 해결할 수 있는 조정자로서의 역할을 하게 되었다. 이제는 카페의 회원들도 인지하게 되어서 누군가 비난 글을 올리더라도 무작정 회원의 편을 들어 한쪽

잘나가는 여자들에겐 커뮤니티가 필요하다

으로 의견이 쏠리는 일이 적어지고 있다.

한때 맘 카페 내에서 핫이슈였던 한 음식점 임신부 폭행 사건을 봐도 교훈을 얻을 수 있다. 손님과 종업원 사이에 음식 주문 문제로 시비가 붙었는데 그 손님은 당시 임신부였고, 종업원은 그 사실을 모른 채 손님과 실랑이를 하다가 몸싸움까지 하게 된 것이다. 임신부는 자신이 임신한 상태인데 종업원이 자신의 배를 발로 차고 업주도 그냥 지켜만 보더라는 둥 자신의 억울한 시각으로 맘 카페에 글을 올려 업체에 대해 안 좋은 여론을 불러일으켰다. 그 글에 커뮤니티 회원들은 당연히 임신부의 편에 서서 업체 음식 불매 운동까지 벌이는 등 사태가 심각해졌다. 결국 경찰조사에서 이 글이 사실과 매우 다르며 결과적으로 손님이 '진상'이었다는 결론이 나 그 글에 동조한 엄마들조차 허무하게 한 일이 있었다.

반면에 업체의 비난 글이 올라왔을 때 해당 업체가 대응을 잘하면 오히려 반전이 생기는 사례도 있다. 한 엄마가 맘 카페에 자신이 방문했던 키즈카페의 위생 상태나 서비스 등 안 좋은 점에 대한 비난 글을 올리자 그 글이 화제가 되었고 해당 키즈카페 사장까지 이 글을 보게 되었다. 사장은 매우 당황하며 '개선할 것과 억울한 것'에 대해 카페에 해명 글을 올렸고 그 글이 엄마들의 마음을 누그러뜨려 다음 날 키즈카페가 미어터질 정도로 손님이 많았다고 한다.

내가 이 글의 제목을 '이제는 더 이상 속지 맙시다'라고 정한 이유는 두 가지 의미에서이다. 가습기 살균제 사건이나 외제차 배출가스 조작 사건, 유독 성분이나 이물질 검출 사건 등에서 볼 수 있듯이 판매자나 생산자의 안전하다는 말만 믿고 소비자로서 우리의 권리를 침해받는 일이 없어야 한다는 것이 첫 번째 의미이고, 소비자가 자신의 경험에만 비추어 제품이나 업체에 대해 부정적인 소견을 피력하는 것에 대해 또 다른 소비자로서 그 말에 속아 넘어가거나 방관해서는 안 된다는 것이 두 번째 의미이다.

그런 의미에서 맘 카페 운영자들도 아니 땐 굴뚝에 연기가 나는 일이 없도록 현명하게 대처할 수 있는 노력을 기울이고 있다. 그래도 진상 고객들(블랙컨슈머)은 아랑곳하지 않고 소비자의 권리를 권력으로 악용하겠지만, 같은 지역 내에서 서로가 배려하고 조심하는 태도가 필요하다고 생각한다. 그리고 맘 카페가 지역 상권을 뒤흔든다는 오해에서 오히려 지역 상권을 발전시키기 위해 노력하고 있는 점이 사회적으로 더욱 부각되었으면 하는 작은 바람을 가져본다.

커뮤니티 안에 진짜
'내 편'이 있다

저녁식사를 마치고 TV를 보는 남편에게 설거지를 하던 아내가 말한다.

"난 정리를 너무 잘하는 것 같아. 어디를 열어도 깔끔하잖아. 나 정리강사나 해볼까?"

남편은 아내의 말에 콧방귀를 뀌며 이렇게 대답한다.

"뭐? 정리강사? 집에서 정리 좀 하는 걸로 무슨 정리강사를 하냐! 그런 거 아무나 하는 거 아니다."

이쯤 되면 아내는 속으로 '저 인간한테 뭘 바라겠어' 하며 끓어오르는 분노를 삼킨다. 연애할 때는 내가 책 읽는 모습만 봐도 예쁘다 칭찬하던 사람이 어느새 나의 '가장 친애하는(?) 적'이 되어

버리고 말았다. 이래서 남편을 내 편이 아닌 '남의 편'이라 부르게 된 것일지도 모르겠다.

결혼하고 엄마가 되면 잘하고 싶고 뭐든 뚝딱 해내고 싶은 마음과 달리 자꾸만 의기소침해지고 남편과 아이로부터 비난 받는 것에 익숙해지는 게 엄마들의 슬픈 현실이다. 가족을 위해 희생하는 시간조차 보상은커녕 나중에는 '당신은 돈 벌지 않고 지금까지 집에만 있으면서 뭐했냐고, 누구네 엄마는 회사 가서 돈 벌어 좋은 거 많이 사주는데 엄마는 왜 집에만 있냐'는 소리나 듣지 않으면 다행이다. 이 세상에 완벽한 사람도 없지만 완벽한 엄마도 없다. 일을 하면서 자신의 전문 분야를 구축하며 아이까지 똑 소리나게 키우고, 남편 내조에 집안 살림까지 잘해내는 엄마가 몇이나 되겠는가. 어느 책에서는 엄마의 역할이 스무 가지가 넘는다고 적혀 있다. 20명이서 하루 동안 하는 일을 엄마는 혼자서 하고 있다는 얘기다. 그런데 가정과 사회의 시선은 이토록 냉랭하기 그지없다. 잘한 점보다 못한 점을 들추며 엄마들의 자존감을 깎아 내린다.

사람에게는 누구나 '개인과 조직으로부터 인정받고 싶은 욕구(티모스, Thymos)'가 있다고 한다. 그러나 우리는 가정에서나 조직에서뿐 아니라 내가 나 자신을 인정하는 것조차 어색하고 인색해하는 편인 것 같다. 그러니 남편이나 아이들까지 나를 인정해주지 않는다고 느껴지면 여자들의 소외감은 이루 말할 수 없을 만큼 커진다. 엄마들은 자신의 인정 욕구를 충족하고 자신감을 얻기 위해 커뮤니티에 접속하고 그곳에서 활동하길 즐긴다. 그리고 자신이 잘하는 것, 재미있는 것을 발견하며 스스로의 인정과 자신감을 쌓아가고 있다.

'직장인의 마음을 가장 잘 이해하는 정신과 의사'라고 불리는 우종민 교수는 그의 책 《티모스 실종 사건》에서 우리가 조직에서 잃어버린 티모스를 찾는 방법에 대해 다음과 같이 귀띔해준다.

> ⋯ 공동의 목표를 설정하라. 조직원의 목표를 다 같이 모인 자리에서 설정하고, 그것을 계속 주지시키고 업데이트한다.
> ⋯ 좋은 말을 하라. 평소 자주 하는 말버릇을 중요하게 생각하라. 말하는 대로 이루어진다.
> ⋯ 칭찬하라. 다소 과장된 칭찬이라도 좋다. 칭찬받는 사람은 기분이 좋아지고 칭찬하는 사람을 좋아하게 된다. 칭찬받은 대로 발전한다.
> ⋯ 정면을 보며 함께 산책하라. 대화가 잘 풀리지 않을 때는 나와 상대방의 시선이 어디로 향하고 있는지 점검하라.
> ⋯ 나보다 우리다. 다 같이 있을 땐 무조건 '우리'를 잊지 말라. 혼자 가는 것보다 함께 가는 것이 멀리 갈 수 있다.

비단 직장인에게만 해당되는 팁은 아니다. 엄마들도 가정에서 잃어버린 티모스를 찾기 위해 이 팁들을 잘 활용해보면 좋겠다. 남편과 아이와 함께 가정의 공동 목표를 설정하고 그것을 자주 상기시키며 가족들에게 공표한다. 그리고 무의식적으로 나오는 말들에 주의를 기울이자. 남편이나 아이에게 되도록 좋은 말을 하려고 하다 보면 어느새 남편과 아이들도 자극을 받고 좋은 말과 행동으로 되돌려 줄 것이다. 또한 가족들에게 칭찬을 자주 해보자. 내가 인정을 받기 위해서는 인정을 주는 방법이 가장 빠르고 효과적이다. 내가 받고 싶은 대로 먼저 베풀어 보자.

이처럼 엄마들이 가정에서 얼마나 인정받지 못하고 의기소침해져 있는지 엄마가 되고 나서 누구보다 잘 알게 된 나는 한아름 카페를 운영하게 되면서 '어떻게 하면 엄마들이 모인 이 가치 있는 공간을 그냥 수다만 떠는 다른 맘 카페와는 다르게 조금 더 의미 있는 커뮤니티로 만들 수 있을까? 이 커뮤니티를 통해 능력은 있지만 사회 현실 때문에 안타깝게도 그 능력을 발휘하지 못하고 있는 여자들을 위해 어떤 일을 할 수 있을까?'에 대해 깊이 고민했다. 그리고 그에 대한 내 나름대로의 답과 함께 한아름의 비전을 회원들과 공유했다. 그때 내 비전에 공감한 사람들이 한아름 카페의 운영진이 되었고, 나아가 주식회사와 협동조합의 일원이 되어 지금까지도 함께 일하고 있다. 그분들은 성격이 급하고 마냥 낙천

잘나가는 여자들에겐 커뮤니티가 필요하다

적이기만 한 나를 다잡아주고 수습해주고 지지해준다. 내게 어려움이 생겼을 때는 운영자를 비방하는 다른 커뮤니티와는 달리 항상 내 편이 되어준다. 그래서 나는 항상 인복이 많다는 소리를 듣고 산다.

커뮤니티 안에는 진짜 '내 편'이 있다. 남편에게는 어떤 아이디어를 말하면 자신이 해오던 직장 생활이나 객관적 잣대를 토대로 가르치려 들면서 자신감을 떨어뜨리는 경우가 많지만 여자들이 모여 새로운 일거리들을 구상하면 서로 격려하여 더 좋은 아이디어가 나오고 서로 인정해주는 분위기가 생긴다.

커뮤니티를 운영하고 여러 사람들을 만나다 보면 누구나 잘하는 무언가 하나씩 있다는 것을 발견하게 된다. 하나의 모임이 생기고 지속적으로 운영하다 보면 재능이 드러나기 마련이고 그 재능을 기꺼이 모임을 위해 쓰면서 인정받고 자존감을 찾는 게 엄마들이다. 잘하는 것이 드러나면 나름대로 역할이 생기고 모인 사람들에게서 인정도 받으며 진정한 서로의 편이 되어서 응원해주는 사람들을 얻는다. 그렇게 재능을 발휘할 수 있는 일거리를 만들면 감정싸움이나 질투는 할 겨를이 없다. **여자들은 대화와 협력을 통해 조정할 줄 아는 DNA가 있다. 여자들에게는 여럿이 모여 한 사람의 전문가보다 더 나은 결과를 낼 수 있는 '모(母) 집단지성의 힘'이 있다.** 내가 계속 강조하지만 그래서 여자들은 반드시 커뮤니티를 활용해야 한다. 나의 꿈을 실행할 수 있는 진짜 '내 편'을 만나고 그들과 함께 당당하게 '내 꿈'을 실행시켜 보자. 그리고 이제는 자신감도 없고, 내 자신도 없어진 것 같은 기분에서 벗어나 보는 것이다. 나는 곧 커뮤니티를 통해 잘나가는 여자가 될 거니까.

재미있는 기부,
달에서 온 토끼

달나라 계수나무 아래에 토끼 한 마리가 살고 있었어요. 어느 날, 떡방아를 찧던 토끼는 실수로 그만 떡방아를 떨어뜨리고 말았어요. 달 토끼는 바닥에 떨어진 떡방아를 주우려다가 그만 지구로 쿵! 하고 떨어졌어요. 달이 너무나 그리웠던 달 토끼는 매일 울며 이야기했어요.
"저를 달로 좀 보내주시겠어요?"

마치 동화 속 이야기 같은 이 글은 쉽고 재미있는 기부문화를 만들어가는 퍼네이션(Funation, Fun+Donation) 카페 '달에서 온 토끼'의 배경 스토리다. 달에서 온 토끼 카페에는 수세미 만들기, 양말 인형 만들기 등 핸드메이드 상품을 만들 수 있는 키트 제품이 있는데 이것을 구매하면 2,000~6,000원의 비용이 들고 여기에서 10%에 해당하는 200~600원을 킬로미터로 전환하여 거리로 적립한다. 그리고 수세미나 인형을 만들어서 카페에 가지고 오면 판매를 하여 판매 금액의 50%를 다시 거리로 적립하는 것이다. 이렇게 여러 사람이 지구에서 달까지의 거리인 383,000km을 함께 모으면, 투표를 통해 결정된 기부처에 383,000원을 기부한다. 이금액을 다 모았다는 것은 많은 사람들이 힘을 합쳐 달 토끼를 달나라로 돌아갈 수 있도록 도왔다는 것을 의미한다.

달 토끼를 이용하는 사람들은 키트도 구매하고 그 키트로 본

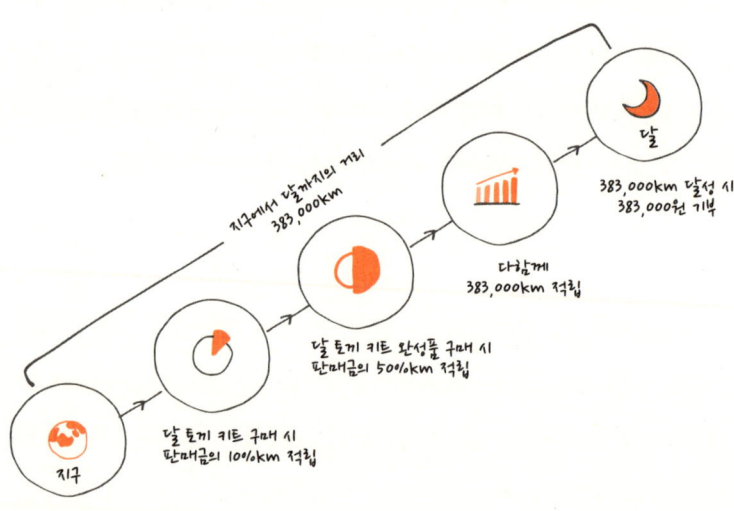

잘나가는 여자들에겐 커뮤니티가 필요하다

인이 직접 만든 완성품도 기꺼이 기부한다. 달에서 온 토끼 카페에서 가장 인기 있는 제품이 수세미 키트인데 카페에 와서 수다를 떨며 뜨개질을 배우면 재미있기도 하고 판매 금액의 일정 비율이 기부가 되니 좋은 일도 할 수 있어서 인기가 좋다. 한 사람이 시간을 들여 만든 기부금은 적을 수 있지만, 많은 사람들이 모여 작은 정성을 보태면 기부금은 금방 쌓이게 된다. 수세미 키트 하나에 200원, 완제품 하나에 1,000원 등 적은 금액이지만 여럿이 모았기에 그 의미와 가치가 크다.

우리 협동조합에서 만든 이 카페는 카페 본연의 수다의 장으로서의 역할도 하고 있다. 커피, 차, 건강 음료를 비롯해 다양한 메뉴의 디저트도 판매하고 있어 눈과 입과 손이 모두 즐거운 곳이다. 한아름 카페 공식 핸드메이드 브랜드인 '포레스트'에서 만든 핸드메이드 제품들을 비치하여 카페에 들른 사람들이 구경도 하고 구입도 할 수 있도록 별도의 공간도 마련되어 있다. 말하자면 포레스트의 오프라인 판매처인 셈이다. 또한 마을학교 강좌나 동아리, 스터디 모임 일부도 이 카페에서 지속적으로 진행하고 있다. 2개의 세미나실은 지역 주민 누구나 소모임을 가질 수 있도록 공간을 대여하고 있다. 아이가 있는 엄마들을 배려하기 위해 입식이 아닌 좌식 마루 공간도 별도로 만들어 어린아이들을 데려와서도 충분히 강의를 들을 수 있도록 꾸몄다.

그러나 뭐니 뭐니 해도 이 카페가 존재하는 이유는 바로 '재미 있는 기부'를 하기 위해서다. 연인들이나 가족 단위로 와서 커피를 마셔도 좋지만 핸드메이드 제품을 내 손으로 만들어 보고, 키트를 구입하고 판매하면서 기부금을 적립할 수 있다는 점이 가장 큰 매력이다. 이러한 매장이 달 토끼 하나라면 그 영향이 미미할지 모르지만, 여러 군데에 생기면 많은 장소에서 기부금이 생기기 때문에 더 많은 금액이 모일 수도 있을 것이다. 그래서 달 토끼는 매장의 인테리어나 음식을 프랜차이즈 하는 것이 아니라 스토리를 프랜차이즈 하고 있다. 기존에 있던 커피숍 매장에서도 이 스토리를 적용해 핸드메이드 제품이나 기부 키트를 함께 판매하고 함께 적립금을 모을 수 있는 것이다.

기부가 사회적으로 긍정적인 활동이라는 것은 누구나 알고 있다. 그러나 그냥 돈을 모으는 것보다 돈을 내는 사람들도 즐길 수 있는 기부문화가 형성되었으면 좋겠다는 바람에서 Funation Cafe를 구상하게 되었다. 요즘, 미디어나 SNS 등을 통한 즐거운 기부 문화 만들기가 확산되고 있는 것 같아 기대가 된다. 이렇게 '기부'라는 활동이 생각만큼 거창하거나 어렵지 않다는 것을 평소 우리가 쉽게 접근할 수 있는 오프라인 카페를 통해 많이 퍼트려서 알리는 것이 나의 바람이다.

고유번호증(수익 사업을 하지 않는 비영리법인) 발급 받기 & 비영리민간단체 등록하기

커뮤니티를 운영하다 보면 그 커뮤니티 안에서 모임 회비를 걷는 경우도 생길 것이고, 커뮤니티의 특성을 활용해서 경제 활동을 할 수도 있을 것이다. 이때, 커뮤니티의 특성이 특정인의 이해와 영리를 목적으로 설립되어 운영되고 있는 영리 조직이 아니라, 일반 사회의 공익 등을 위한 목적이라면 비영리 단체를 만드는 것이 더 적합하다(물론 영리적인 목적이라면 간이과세자나 일반과세자 또는 주식회사로 사업자등록증을 발급받으면 된다). 돈이 거래된다고 해서 모두 영리 사업인 것이 아니라, 수입을 만들고 그것을 활용하여 구성원들에게 임금을 주고 남은 금액은 유보시킨다거나 기부 활동 등 공익적인 목적으로 사용하는 경우는 비영리단체로 보는 것이 더 적합하다.

기본적으로 비영리단체는 조직이나 기관이 소유주의 이익을 만들기 위해 존재하지 않는다는 사실을 더욱 강조하는 개념으로, 작게는 동창회(임의단체), 아파트입주자대표회의(임의단체)부터 크게는 학교법인(비영리사단법인), 사회복지법인(비영리사단법인) 등이 해당된다. 금전 거래는 있지만 수익 사업을 하지 않는 커뮤니티의 경우, 세무서에서 '수익 사업을 하지 않는 비영리법인(고유번호증)'을 받으면 지방자치단체에서 인지할 수 있는 임의단체로서 조금 더 적극적이고 체계적인 운영을 할 수 있다. 예를 들어, 온라인 카페의 경우 사람이 많이 모여 있다는 장점을 활용하여 광고비를 받을 수도 있고, 마을교육공동체의 경우 마을의 아이들에게 일정의 교육비를 받고 서비스를 제공할 수도 있는데, 이렇게 번 돈으로 일하는 사람에게 임금을 주고 남는 것이 없는 경우, 남아서 내년 사업을 위해 비축해두는 경우는 영리 사업이 아니므로 세무서에 가서 고유번호증을 발급받는 것이 적절하다(단, 이러한 활동들이 미래의 사업을 위한 투자라고 생각한다면 개인사업자등록을 하거나 또는 주식회사 등 법인회사를 설립해서 법인사업자등록을 하는 것이 더 적절하다). 고유번호증을 발급받기 위해서는 다음과 같이 몇 가지 서류가 필요하다.

1. 법인으로 보는 단체의 승인신청서
2. 법인으로 보는 단체의 대표자 선임신고서
3. 정관 또는 조직과 운영에 관한 사항
4. 대표자 또는 관리인임을 확인할 수 있는 서류
5. 임대차 계약서 사본

이렇게 5가지 서류가 필요한데, 1번과 2번은 세무서에 가면 비치되어 있고, 3번은 단체의 회칙이나 규칙으로 별도의 양식이 없으므로 자유롭게 기술하여 가져가면 된다. 4번도 별도의 양식은 없고 회의록을 제출하면 인정되며, 5번은 사무실을 임대한 경우에는 그 계약서를 내고 아닌 경우에는 주민등록상 주소지로 내도 상관없다. 세무서에 비치된 서류 외에 각 자료의 양식은 따로 없으며 인터넷에서 검색하면 관련 자료가 많이 나오니 작성하는 것은 그리 어렵지 않다. 이렇게 5개의 서류와 신분증을 가지고 세무서에 가서 사업자등록 신청서(법인이 아닌 단체의 고유번호 신청서)를 작성하면 일주일 내에 세무서에서 연락이 온다.

고유번호증을 신청하는 것은 아무 곳에도 신고하지 않은 단체보다는 시 또는 구 단위에서 인지를 하고 있는 단체임을 증명하는 것이고, 지방자치단체의 지원 사업에도 참여할 수 있는 조건이 된다. 또한 이를 활용해 자원봉사 수요처 등록도 할 수 있게 되어 생각했던 공익 활동을 조금은 용이하게 진행할 수 있다.

고유번호증을 발급받았거나 사단법인, 또는 사회적협동조합 등 비영리단체를 설립했으면 '비영리민간단체' 등록을 할 수 있게 되는데, 비영리민간단체는 불특정다수를 위한 공익활동을 하는 단체로 비영리민간단체지원법에 의해 보조금을 받을 수 있다. 비영리민간단체로 등록이 되려면,

1. 사업의 직접 수혜자가 불특정 다수일 것
2. 구성원 상호간에 이익분배를 하지 아니할 것
3. 사실상 특정 정당 또는 선출직 후보를 지지·지원 또는 반대할 것을

주된 목적으로 하거나, 특정 종교의 교리전파를 주된 목적으로 설립 · 운영되지 아니할 것

4. 상시 구성원수가 100인 이상일 것
5. 최근 1년 이상 공익활동실적이 있을 것
6. 법인이 아닌 단체일 경우에는 대표자 또는 관리인이 있을 것

등의 요건이 필요하다. (출처: 비영리민간단체 지원법)

위의 요건이 갖추어지면 등록신청서, 단체 회칙, 당해 연도 및 전년도의 총회회의록, 당해 연도 및 전년도의 사업계획서와 수지예산서, 전년도 결산서, 회원명부, 최근 1년 이상의 공익활동을 증명할 수 있는 자료 등이 필요하며, 주무 관청에 등록신청을 하여 심사를 통과하면 등록번호가 부여된다. 주무 관청은 비영리민간단체의 사업범위와 어느 곳에 사무소를 설치, 운영하고 있는지에 따라 달라진다. 사업범위가 2개 이상의 광역자치단체에 걸쳐 있는 경우에는 주된 활동을 주관하는 중앙행정기관이 주무관청이 되며, 그 외에는 단체의 사무소 소재지 광역자치단체가 주무관청이 된다. 따라서 비영리민간단체 등록을 위해서는 준비서류 등을 갖추고 주무관청 담당자와 사전에 협의를 진행하는 것을 권장한다.

지정기부금단체
& 기부금대상민간단체

고유번호증이 있는 단체, 사회적협동조합, 비영리사단법인 등 비영리단체는 일반 영리 목적을 가진 단체보다는 수익성이 좋지 않을 수 있어서 기부금을 받을 수 있는 단체로 신청할 수가 있다. 공식적으로 기부금을 받기 위해서는 지정기부금단체 또는 기부금대상민간단체로 지정을 받는 것이 필요하다. 따라서 고유번호증을 가지고 있는 임의단체가 기부금을 받는 단체가 되기 위해서는 먼저 사회적 협동조합이나 비영리사단법인 등으로 법인 전환을 하고 지정기부금단체 지정을 받거나 또는 비영리민간단체 등록을 하고 기부금대상민간단체로 지정을 받아야만 한다.

지정기부금단체는 사단법인이나 사회적협동조합 등(이 책은 사람들이 모인 커뮤니티에 관련된 책이므로 재단법인에 관해서는 언급하지 않겠다)이 주무관청의 추천을 통해 기획재정부에게 지정받은 단체를 의미한다. 지정기부금단체가 되면 개인과 법인으로부터 지정기부금을 모금할 수 있게 되고, 기부금을 낸 개인이나 법인은 해당 기부금을 필요경비 처리하거나 세액공제를 통해 소득세 및 법인세 감면을 받을 수 있게 된다. 우리가 흔히 대기업이라고 알고 있는 영리 법인에서는 보통 사회 환원과 동시에 세액공제를 하기 위해 기부금영수증을 발행할 수 있는 단체에게 기부금을 낸다. 이때 법인에게 기부금영수증을 발행할 수 있는 단체가 바로 지정기부금단체이다.

지정기부금단체가 아닌 경우에는 대기업에서 기부를 하고 싶어도 경비 처리가 힘들어 법인에게 기부금을 받기가 힘들어진다. 이를 위해 지정기부금단체 등록을 한다면 커뮤니티가 추구하고자 하는 공익사업을 조금은 더 용이하게 진행할 수 있을 것이다. 지정기부금단체가 되기 위해서는 수입을 회원의 이익이 아닌 공익을 위해 사용하고, 해산 시 잔여재산이 공익을 위해 사용한다는 내용을 정관에 명시해야 한다. 또한 연간 기부금 모금액과 활용실적 등을 홈페이지에 공개하는 등 까다로운 절차를 거쳐야 한다. 그 외에 상세한 내용은 법인세법 시행령과 시행규칙에 나와 있다.

기부금대상민간단체는 비영리민간단체(비영리민간단체 등록은 '그 여자의 커뮤니티 TIP 벗겨내기 2' 참고)가 행정자치부의 추천을 받아 기획재정부에게 지정받은 단체를 의미한다. 이때 비영리민간단체가 되었다고 해서 기부금대상민간단체가 아니라는 것에 유념해야 한다. 기부금대상민간단체는 비영리민간단체 등록증이 있는 단체 중에서 해산 시 잔여재산을 공익을 위해 사용해야 하고, 수입을 공익을 위하여 사용해야 한다는 등 다양한 요건들이 지정기부금단체와 유사하지만, 개인에게만 세액공제 혜택을 줄 수 있다는 점이 다르다. 또한 비영리법인은 기부금대상민간단체 신청을 할 수 없고, 지정기부금단체 신청만 가능하다. 기부금대상민간단체에 관한 자세한 사항은 소득세법 시행령과 시행규칙에 나와 있다.

여자에 의한, 여자를 위한,
여자의 공간이 필요하다

잘나가는 여자를 위한 알짜배기 모임

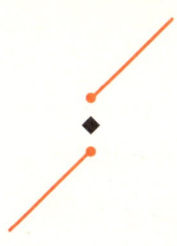

커피 마셔도 되나요?
임신부 모임

"임신부 모임 후기 올려요. 첫 만남이라 어색할 줄 알았는데 다들 친언
니, 친동생처럼 편하게 즐겁게 수다 떨고 와서 좋았어요. 임신부라고
맨날 집에 혼자 있는 것보다 이렇게 모임에 나가서 사람들도 만나고 정
보도 주고받으니 사람 사는 것 같네요. 다음에 또 참석할래요. 오늘 뵌
분들 자주 만나요."

"모임에 다녀와서 더 즐거운 건 두 손 가득 받아온 선물 때문만은 아니
겠죠? 아이 태어나면 유용하게 쓸 수 있는 선물들이라서 더 좋은 것 같
아요. 같은 임신부들끼리 모이니 잘 몰랐던 것들도 알게 되고 둘째 가지
신 선배님들에게 육아 노하우도 들을 수 있어서 유익한 시간이었어요."

임신부 모임을 주로 기획하는 한 커뮤니티에 올라온 '임신부 모임 후기'다. 주로 예비 부모들에게 도움이 되는 정보를 공유하고 정기적으로 모임을 마련하는 것이 이 커뮤니티에서 주로 하는 활동이다. 특히 첫아이를 임신한 예비 엄마들은 태어날 아이를 기다리는 설렘과 동시에 태교, 육아에 대한 고민과 스트레스가 적지 않다. 내가 알고 있는 것이 과연 올바른 정보인지, 내가 겪고 있는 몸의 변화와 심리 상태가 정상적인 것인지, 새롭게 알아야 할 정보(의료 혜택이나 보육 지원 등)는 무엇인지 혼자서는 가늠하기가 어렵기 때문에 많은 도움을 받을 수 있다.

임신부 모임을 단순히 임신부들이 모여서 수다나 떨다 헤어지는 것이라고 생각하면 큰 오산이다. 커뮤니티마다 다채로운 프로그램을 마련하고 모임 후에도 남는 것이 있도록 많은 신경을 쓴다. 프로그램은 주로 '건강한 출산을 위한 몸 관리법, 아기를 돌보는 구체적인 방법, 태어날 아기를 위한 놀잇감 만들기, 상품 증정 베이비 샤워 파티' 등 한순간도 지루할 틈이 없도록 구성한다. 이러한 모임에는 병원이나 산후조리원, 유아의류업체, 보험회사 등에서 푸짐한 협찬도 받을 수 있어 무언가 얻어오는 재미도 쏠쏠하다.

요즘은 커뮤니티에서 마련하는 임신부 모임 외에도 여성병원이나 산후조리원 등 예비 엄마들을 위해 다양한 모임을 만들어 운영하는 곳이 늘었다. 인터넷 커뮤니티에서 운영하는 임신부 모임이 대부분 함께 모여 취미를 공유하고, 친목을 다지고, 개괄적인 정보를 주고받는 목적으로 운영된다면 병원이나 산후조리원에서 운영하는 임신부 모임에서는 좀 더 전문적인 정보를 얻는 데 도움을 받을 수 있다.

만약 동네에 아는 사람 하나 없고, 집에서 태교에만 열중하고 있는 임신부라면 가끔 시간을 내어 이런 모임에 참여해보는 것도 좋다. 뱃속 아이와 단둘이 나누는 교감에 집중하는 것도 중요하지만, 같은 상황에 놓인 사람들을 만나 서로의 이야기에 공감하고 위로 받으며 웃고 떠드는 즐거운 순간도 분명 필요하기 때문이다. 엄마가 즐거워야 뱃속의 아이도 즐겁다.

자주 찾는 커뮤니티에 이러한 임신부 모임이 없다면 즐겁고 유쾌한 임신 생활을 위해 직접 만들어보는 것도 좋을 것이다. 처음부터 많은 협찬을 받고, 프로그램을 몇 가지씩 구성하지 못해도 괜찮다. 책 한 권을 정해서 다 함께 읽고 내용에 대해 이야기를 나눈다거나 평일 낮에 시간을 낼 수 없는 워킹맘을 위해 주말 모임을 계획하는 것과 같이 작은 아이디어에서 출발해도, 같은 예비엄마들이 모여 함께 이야기하고 임신 중 스트레스를 날리는 시간은 더없이 행복할 것이다.

군대보다 끈끈한 뷰티풀 군바리

조리원 동기 모임

학교 동기, 군대 동기, 입사 동기보다 더 끈끈한 결집력을 자랑하는 것이 있다면 나는 단연코 '(산후)조리원 동기'라고 말하고 싶다. 남자들이 군대 동기를 가장 끈끈한 인연이라고 생각하는 것처럼 엄마들은 조리원 동기들과 깊은 유대를 맺는다.

생전 처음 훈련과 출산이라는 고통을 경험한다는 점, 지금까지 자유로웠던 생활을 뒤로한 채 국방의 의무와 육아에 자신의 몸과 마음을 다 바쳐야 한다는 점, 전혀 새로운 생활과 낯선 경험을 시작해야 한다는 두려움이 군대 동기와 조리원 동기의 공통점이 아닐까 싶다.

잘나가는 여자들에겐 커뮤니티가 필요하다

"빨리 가려면 혼자 가고, 멀리 가려면 함께 가라."

"외나무가 되려거든 혼자 서고, 푸른 숲이 되려거든 함께 서라."

"한 아이를 키우려면 온 마을이 필요하다."

아프리카 속담 중에 이런 말이 있다고 한다. 이 말은 '인생이란 혼자서 빨리 가는 것만이 능사가 아니라 멀리 보고 서로 어우러져 더불어, 천천히 가는 것'이라는 교훈이 담긴 말일 것이다. 또한 한 아이가 성장하는 데 있어서 공동체의 존재가 얼마나 큰 의미를 갖는지 느끼게 해주는 속담이기도 하다. 내 인생에서 몇 년이 군대나 육아 때문에 더 나아가지 못하고 정체되는 것처럼 느껴질 수 있지만, 다른 사람들과 함께 웃고, 울며 서로 격려하면 그 과정도 즐겁지 않을까 생각한다.

특히 첫아이를 출산하거나 친정이 사는 곳과 멀어 도움을 받을 수 없는 경우에는 더욱이 조리원 동기가 육아를 이어가는 데 큰 힘이 된다. 게다가 출산 후에는 호르몬의 변화와 급격한 생활 패턴의 변화, 수면 부족 등으로 자신감이 떨어지고, 조그만 일에도 쉽게 지치는 우울한 감정이 많이 찾아온다. 이럴 때 혼자서만 육아에 몰두하면 스트레스 지수가 높아지고, 육아에 대한 행복감보다는 자신을 옥죄는 족쇄처럼 느끼게 될 수 있다. 그리고 사소한 고민일지라도 함께 터놓을 상대가 없으면 가슴속에 계속 쌓여서 더 울적해지고, 퇴근한 남편에게 괜한 화풀이를 하게 되어 집안 분위기가 이상해질 수 있다.

이럴 때 '나만 이렇게 힘든 게 아니구나, 나만 이런 문제가 있는 게 아니라 누구나 다 비슷하구나' 하는 공감과 위로를 얻을 수 있는 집단이 바로 '조리원 동기 모임'이다. 조리원 동기는 보통 출산 후 산후조리를 위해 같은 산후조리원을 이용하는 엄마들끼리 커뮤니티를 형성하는 것이지만, 요즘은 맘 카페나 문화센터 등에서도 서로 육아에 힘이 되고 도움을 얻을 수 있는 커뮤니티를 만들 수 있다. 내가 아는 한 엄마는 비슷한 개월수의 아이들이 참여할 수 있는 백화점 문화센터 프로그램을 수강하며 다른 몇 명의 엄마들과 친해지게 되었고, 지속적으로 관계를 이어가며 서로의 육아를 지지하고 응원하는 관계로 발전했다.

그러나 조리원 모임이 꼭 장점만 있는 것은 아니다. 사람들끼리의 만남이기에 서로 불편한 관계가 생길 수도 있고, 모임이 자체적으로 어떤 원칙 없이 중구난방으로 이루어지거나 모임을 이끌어 갈 수 있는 리더가 없으면 한두 번의 만남에서 흐지부지 끝날 수도 있다. 그리고 서로의 환경이나 아이들의 발달 수준에 대해 비교하며 얼굴을 붉히게 되는 경우도 종종 있다.

어떤 모임이든 나와 서로 다른 생각을 가진 여러 사람들이 함께하는 만큼 서로 존중하고 배려하는 마음이 우선되어야 즐겁고

행복한 만남을 지속적으로 유지할 수 있다는 점을 알아두어야 할
것이다.

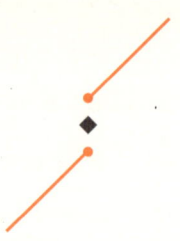

아이의 짐꾼이 되어도 좋아
문화센터 모임

앞서 문화센터에서 같은 프로그램을 들으며 친해진 한 엄마의 예도 말했듯이 문화센터는 엄마들이 가장 자연스럽게 만날 수 있는 공간이다.

70~80년대만 해도 문화 혜택이라는 건 시간적 여유가 있는 엄마들에게도 사치스러운 활동이었다. 모두가 힘들고 어려웠던 때에 내 집 마련과 먹고사는 생활비, 자녀 교육비에 허덕이며 일에 매진하는 남편 뒷바라지하랴 허리띠를 바짝 졸라매야 했기 때문이다. 그러나 현대에 '문화'를 대하는 엄마들의 태도는 달라졌다. 바쁜 일상 속에서도 자아실현을 이루고 아이와의 유대감을 더욱 친밀하게 쌓기 위해 적극적으로 문화생활에 참여하고 있다.

요즘은 백화점이나 마트를 비롯해 지역 내에서도 다양한 문화센터를 운영하고 있다. 요리, 만들기, 악기, 독서, 놀이, 부모교육 등 아이의 연령별로 참여할 수 있는 유아교육 프로그램도 많다.

내 주변에만 봐도 '1자녀 1문화센터'라고 느껴질 만큼 엄마들의 문화센터 참여율이 높다. 그도 그럴 것이 육아를 1년 정도 하고 나면 집에서 매일 엄마 얼굴만 보고 있는 아이에게도, 집안 살림에 육아에 지칠 대로 지친 엄마에게도 새로운 자극이 필요하기 때문이다. 일주일에 한 번이라도 아이와 함께 바깥나들이도 하고 발달에도 도움을 주는 놀이 활동을 해주면 아이에게도 활력이 된다. 또 문화센터에 가면 내 아이와 같은 연령의 아이를 키우는 엄마들을 만날 수 있어서 서로 정보를 주고받고, 육아하면서 느끼는 고민과 어려움을 함께 나눌 수도 있다.

보통 아이와 함께하는 문화센터 프로그램은 돌 전후로 다니게 되는데 요즘은 100일 후, 약 4개월 정도 지난 아이들도 참여할 수 있는 오감 발달과 두뇌 발달을 촉진하는 프로그램이 다양하게 운영되고 있다. 집에서 가지고 노는 장난감은 수가 제한되어 있고 매일 보는 것들이기 때문에 일주일에 한 번이라도 전문적인 강사가 진행하는 새로운 놀이를 체험하게 하는 것도 좋다. 이곳에 가면 아이가 어떤 놀이에 흥미를 느끼고 받아들이는지 엄마도 옆에서 유심히 관찰할 수 있어 도움이 된다.

아기와 함께하는 외출은 늘 엄마에게 버겁다. 챙겨야 할 물품도 많고 밖에서도 아이의 스케줄에 맞춰 식사, 낮잠 등 해주어야 할 것들을 놓치지 않고 잘 챙겨야 한다. 더구나 뚜벅이 엄마라면 대중교통을 이용해서 이동해야 하므로 아이와 짐 보따리까지 정말 힘든 여정이다. 그러나 '엄마는 아이의 미소에 시름을 잊는다'던가. 문화센터에 도착해 신나는 활동을 하며 방긋 웃는 아이의 모습에 스트레스를 잊은 채 연신 아이의 모습을 카메라에 담기 바빠진다.

이처럼 아이와 엄마에게 모두 자극이 되는 문화센터는 기존에 있는 프로그램을 이용해도 되고 자녀와 엄마에게 도움이 되는 아이디어가 있다면 직접 기획해도 좋을 것이다. 예를 들어, 자신이 아이의 먹을거리에 굉장히 신경을 쓰고 잘 해 먹이는 엄마라면 자신의 메뉴와 노하우를 가지고 지역 맘 커뮤니티에서 같은 연령의 아이를 키우는 엄마들을 모집해 하나의 요리 문화 강좌를 만들 수 있다. 서로 모여 친목도모도 하고, 수업 내용을 마치고 나서 먹을거리를 나눠먹으며 좋은 시간을 가질 수 있다. 더 나아가 모임에서 만난 엄마들 중에서 또 다른 재능을 발견하면 그것을 또 다음 번 강좌로 이어서 지속적으로 관계를 유지한다. 모여서 아이들 비교하며 상처 받고, 사는 형편 따지며 편 가르는 비생산적인 만남보다는 서로의 가치를 발견하고 응원하며 함께 나눌 수 있는 모임을 만들어가는 것이 엄마들 모임에서는 무엇보다 중요하다.

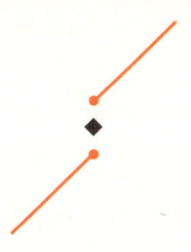

아이들의 파수꾼
어린이집, 유치원 모임

아이가 어린이집이나 유치원에 가기 시작하면 자연스럽게 등·하원 길에 함께 다니는 아이 친구들의 엄마를 만나게 된다. 처음에는 엄마들끼리 눈인사로 시작했다가 자주 마주치면 아이들 이야기로 대화를 시작하고, 그러다가 조금 더 친해지면 차도 한잔씩 마시게 되면서 마음에 맞는 엄마들끼리 삼삼오오 모여 하나의 모임이 만들어진다. 비슷한 연령대의 아이들을 어린이집이나 유치원에 맡긴 엄마들은 아이들이 어린이집이나 유치원에 간 사이 아이들의 생활과 아이들의 발달 등에 대해 수다꽃을 피운다. 요즘에는 워낙 SNS나 무료문자가 잘 발달되어 있어서 엄마들이 굳이 오프라인으로 모임을 갖지 않아도 각자의 집에 있으면서 서로 대화를 이어가며 친밀함을 쌓아가기도 한다.

특히 첫아이를 기관에 맡긴 엄마들이 만나면 거의 대화 주제가 아이에 관한 것이다. 처음 아이를 키우면서 겪었던 일들을 이야기하며 서로 공감하고, 지금 다니고 있는 기관에서 적응을 잘하는지 혹은 밥은 잘 먹는지, 선생님들은 어떤지, 친구들과의 관계는 괜찮은지 어린이집에서의 생활과 하원 후의 가정생활에 대해 터놓고 이야기하게 된다. 그래서 어른들 말씀에 '이때(아이들이 어린이집이나 유치원에 다닐 때) 사귄 엄마들이 평생 친구가 된다'는 말도 있나 보다.

아이가 엄마의 손을 떠나 단 몇 시간이라도 기관에 다니기 시작하면 엄마는 온통 아이에 대한 걱정이 앞서기 마련이다. 가서 친구들과 잘 상호작용할까, 선생님 말씀은 잘 들을까, 다른 아이들은 다 하는데 우리 아이만 뒤처지지는 않을까 등등 걱정을 넘어서서 아이의 일거수일투족을 감시하게 되는 우를 범하게 되기도 한다. 엄마는 아이에게 감시자가 아닌 보호자가 되어야 함을 잊어서는 안 된다. 충분히 아이를 챙겨주고 관심을 갖는 것은 좋지만 언제나 과함은 화를 부른다. 아이는 아이대로 친구들과 선생님 그리고 새로운 환경에 잘 적응해갈 것이다. 지켜보며 격려하고 응원하고 사랑하는 것이 우리 엄마들이 해야 할 일이다.

그래도 아이들을 위해 무언가 하고 싶다면 먼저 자신부터 건강한 엄마가 되기 위해 노력해보는 것은 어떨까. 몸의 건강뿐만 아니라 생각이 건강해야 한다는 의미에서 말이다. 이왕 만나게 되는 엄마들과도 조금은 생산적인 일들을 만들어 보자. 어린이집 학부모 모임으로 만났지만 취미를 함께하는 모임으로 발전시킬 수도 있고, 엄마들끼리 모였으니 좋은 부모 강의가 있다면 함께 참석해서 들어보고 끝난 뒤 각자 느낀 점과 소감을 나눠보는 시간을 가지는 것도 좋을 것이다.

보통 어린이집 학부모 모임은 어린이집과는 별개로 엄마들끼리 모이는 게 일반적이지만, 같은 어린이집에 다니는 엄마들이 정기적으로 모임을 가지고 어린이집에서 봉사를 하는 경우도 있다. 예를 들어, 2주에 한 번이나 매월 마지막 주에 한 번쯤으로 날짜를 정해서 어린이집에 있는 교구들을 소독하거나 놀이터를 점검하는 등 어린이집에 학부모 모임이 있다는 것을 공개하고 봉사의 형태로 참여하는 것이다. 여기서 더 나아가 교육 방향이나 기존 어린이집에서 채워주지 못하는 활동을 더욱 중점적으로 하길 원하는 부모들이 모여 독자적인 공동육아 어린이집을 만들 수도 있다. 부모와 교사가 함께 프로그램을 짜고 되도록 정해진 틀 없이 계절에 따라 아이들이 자연과 함께 자유로운 시간을 보낸다. 아이들이 하고 싶은 활동을 하고 싶은 때에 하고 싶은 만큼 하도록 자율성을 주는 것이 공동육아의 가장 큰 장점이다.

이처럼 같은 어린이집이나 유치원에 보낸다는 공통점만으로도 엄마들은 함께할 수 있고 모임을 통해 더 많은 일들을 만들어 갈 수 있다.

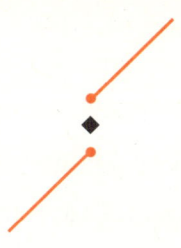

12시 40분에 거기서 봐요
학부모 모임

아이가 학교에 들어가기 시작하면 엄마들은 정말 바빠진다. 물리적인 시간을 들여 무언가를 하기 때문에 바빠지는 게 아니라 아이의 교육에 대해 바짝 신경을 쓰다 보니 마음도 불안하고 자꾸만 조급해지는 경향이 있다. 마음이 바빠지는 것이다.

가끔 평일 낮에 집 근처 초등학교를 지날 때가 있다. 엄마들이 학교 정문 앞에서 하교하는 아이들을 마중하기 위해 기다리며 삼삼오오 모여서 이야기꽃을 피운다. 그 속에는 좋은 이야기, 불필요한 이야기, 정말 알아야 할 정보 등 많은 대화가 오간다. 솔직히 말해서 나는 학부모들이 모여 이야기하는 것을 그다지 좋아하는 편은 아니다. 이야기를 하다 보면 어느새 담임선생님 평가, 특정 아이에 대한 평가, 사교육 공유로 불안감 조성 등 비생산적인 말들로 이야기가 흐르기 때문이다. 내가 지금부터 말하고자 하는 학부모 모임은 그런 것이 아니라 진짜 우리 아이들을 위해서 무엇을 할 것인가에 초점이 맞춰져 있다.

대부분 학교에는 '학교운영위원회와 학부모총회'라는 것이 있다. 운영위원회는 교사와 학부모, 지역 유지들로 구성되어 학교의 예산이나 교과과정 등에 관여하는 것을 말하고, 학부모총회는 엄마들이 모여서 회의를 하는 것인데 녹색어머니회, 어머니폴리스, 학교 도서관 사서 봉사 등 실질적으로 아이들을 위한 활동에 참여하는 일들을 결정하는 모임이다. 김포에서는 이 학부모총회를 통해 아주 좋은 사례가 나오게 되었는데, 학부모총회에서 어떤 엄마가 제안을 했다.

"우리가 학부모총회에서 이렇게 계속 모일 때마다 좋은 일들을 기획해 보는 건 어때요? 아이들 학교 수업이 끝나면 아이들을 데려다 주고, 빈 교실을 활용해 강사님을 한 명 초빙해서 우리가 모여서 역사 수업도 듣고, 과학 수업도 듣고 하면서 우리의 역량을 쌓는 거죠. 그렇게 여러 수업을 듣다 보면 엄마들 중에 특정 분야에 관심이 있는 엄마가 나타날 것이고 그 엄마가 아이들에게 재능기부 형태로 다시 가르치면 엄마에게는 그것이 경력이 되고, 아이들은 무료로 교육을 받을 수 있으니 좋을 것 같아요."

학부모총회가 진짜 학부모와 아이들을 위하는 모임으로 바뀐 정말 신선한 사례가 아닐 수 없다. 선생님을 평가한다거나 아이들에게 쓸데없이 과한 관심을 드러내는 장이었던 학부모총회가 이렇게 변화할 수 있다면 얼마나 좋을까?

요즘 여기저기서 심심찮게 들리는 말 중에 "엄마가 행복해야 아이가 행복하다"라는 말이 있다. 비단 어린아이를 육아 중인 엄마들에게만 해당하는 말은 아니다. 아이에게 과한 관심과 집착을 보이기보다는 부모 자신이 자아실현을 위한 활동을 하며 사회적으로 당당해지면 아이도 스스로 자존감이 올라가고 부모의 모습을 뒤따르려 할 것이다. 엄마들이 이렇게 재능기부를 통해 하나씩 자신의 능력을 쌓아 가면 나중에 이것이 경력이 될 뿐만 아니라 실제 경제적 수입으로 이어질 수 있는 밑바탕이 된다. 그리고 여기에서 더 나아가 이것을 어떻게 사업적으로 발전시킬 수 있을지 고민하면서 사업가적인 마인드를 가질 수 있게 된다. 예를 들어 빈 강의실을 활용하여 동화구연 강의를 들었는데 자신이 평소 관심이 있는 분야여서 열의를 가지고 열심히 배워 지역 아이들에게 책을 읽어주는 봉사를 지속적으로 하다가 나만의 노하우가 쌓이면 '책 읽어주는 사업'을 시작할 수도 있을 것이다.

이렇듯 내가 생각하는 학부모 모임은 엄마들이 모여 불평과 불만을 늘어놓는 것이 아니라 나와 아이들을 모두 성장하게 하는 새로운 아이디어를 구상하는 긍정의 장이 되어야 한다고 생각한다.

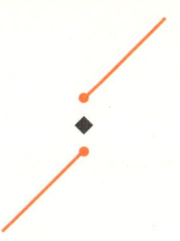

누가 뭐라 해도 우린 개다!
동갑내기 모임

　　　　　　　　결혼 전, 아무리 친하게 지내던 막
역한 친구들이라 할지라도 누군가 하나 결혼하고 육아에 매달리
다 보면 비혼(非婚)인 친구들과는 자연스레 멀어지기 마련이다.
장소와 시간으로부터 자유로운 비혼 친구들과 애 엄마 사이의 대
화는 더 이상 공감할 수 없는 각자의 이야기가 되고 만다. 엄마가
되고부터 친구들과의 만남이 자꾸만 불편해지고 나만 왕따가 되
어가는 것 같은 느낌에 어찌나 서운하고 서러운지……. 어느 순간
부터는 애 엄마가 된 나에게 "우리 언제 모일 건데 너 시간 돼?"라
는 말조차 물어오지 않는 친구들이 야속하게만 느껴진다. 이 말에
아마 공감하는 엄마들이 많을 거라 생각한다. 그러나 속상해할 필

요는 없다. 원래부터 알던 친구만 친구인가? 서로 대화를 나누는 것이 즐겁고, 함께 시간을 보낼 수 있는 사람이라면 또 다른 친구가 될 수 있다.

사람들이 모이면 가장 먼저 하는 일이 서로간의 공통점을 찾는 것이다. 나이, 관심사, 하는 일, 취미 등 대화 속에서 공통된 주제를 끊임없이 찾아낸다. 그래야 친밀함이 쌓이고 서로 대화가 통한다고 느끼게 된다.

맘 카페 커뮤니티에서 가장 호응도가 좋은 모임이 띠별 모임 즉, 동갑내기 모임이다. 지역 내에서 뿔뿔이 흩어져 있는 동갑내기 친구들을 찾는 글은 잊을 만하면 게시판에 하나씩 떠오른다. 실제로 동갑내기 모임을 몇 차례에 걸쳐 혹은 몇 년에 걸쳐 정기적으로 자리를 마련하고 오랜 시간 친목을 다져온 엄마들이 많다. 동갑끼리 모이면 아무래도 서로를 더욱 편하게 느끼고, 말을 놓기 시작하면 열 친구 안 부러울 정도로 정이 팍팍 쌓인다. 여기저기서 모였지만 그 속에서 같은 동네 친구를 사귈 수도 있고, 나와 더 성향이 잘 맞는 친구도 사귈 수 있다. 무엇보다 같은 엄마로서 서로의 상황을 이해하고 공감할 수 있다는 것이 단시간에도 친해질 수 있는 요소다.

보통 동갑내기 모임은 맛집 탐방이 주를 이루는데 여기에 약간의 아이디어를 가미해서 만날 때마다 주제를 정하는 것도 즐거운 모임을 만드는 비결이다. '와인 모임, 근교 소풍 모임, 걷기 모임' 등 다양한 아이디어를 낼 수 있다. 하지만 만남 그 자체로도 엄마들에게는 큰 기쁨과 활력이 된다.

아이들이 놀이터에서 모르는 아이를 만났을 때 바로 친구가 되는 세 마디가 있다.

"이름이 뭐야?"

"몇 살이야?"

"나랑 친구할래?"

이 세 마디면 아이들은 더 이상 묻지도 따지지도 않고 친구가 된다.

자주 들락거리는 커뮤니티가 있다면 당신도 질문하라.

"개띠 어뭉들~ 우리 친구할래요?"

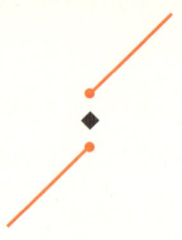

팀장들은 다 여기서 나왔어
독서 모임

독서의 교훈과 즐거움이야 더 이 상 입 아프게 말하지 않아도 많은 사람들이 잘 알고 있을 것이다. 요즘 출판 시장에서는 '독서 인구가 줄어들어 업계가 휘청인다'고 하지만 여전히 책에 대한 사람들의 관심과 애정은 남다르다. 지역 별로, 상황별로 여러 가지 독서 모임이 생겨나고 적극적으로 참여 하는 사람들이 많아졌다. 혼자서 책을 읽는 것도 물론 장점이 있 지만, 독서 모임에 참여해 다른 사람들과 함께 책을 읽고 이야기 를 나누는 것이 책을 통한 생각의 확장에도 도움이 되고, 혼자였 다면 언제든지 읽다가 덮을 수 있는 한 권의 책을 끝까지 읽게 하 는 동기부여도 된다.

한 권의 책을 놓고 모여 그 책 속에서 건져 올릴 수 있는 다양한 주제와 생각, 교훈, 표현, 문화 등에 대해 이야기를 나누다 보면 '책 속에 있는 내용이 실제 우리 삶과 어떻게 연결되는지 또는 어떻게 적용해 볼 수 있는지'로 이어져 폭넓은 사고력을 키우고, 발상의 전환을 이끈다. 또 이 책을 읽다 보면 다른 책이 떠오르기도 하고 모여 앉은 사람들의 추천 도서를 얻는 일은 덤이다. 혼자서 책을 읽으면 아무래도 자신의 취향대로만 편독하게 되는 경향이 있지만 이렇게 다양한 사람들이 추천하는 책에 흥미를 갖고 실제 독서를 하면 교양과 지식을 넓히는 데에도 큰 도움을 받을 수 있다. 아무래도 독서 모임의 가장 큰 장점이라면 '혼자서' 읽는 게 아니라 '함께' 읽는다는 데 있다. 다른 사람들과 이야기를 나누기 위해 함께 읽는 책이라는 인식이 들면 책에 애착이 가고 친근하게 느껴지기 때문이다.

여담이지만 협동조합의 포레스트 팀장님과 마을학교 팀장님들이 모두 독서 모임에서 활동했던 분들이다. 어떤 그룹이나 팀을 이끄는 리더가 되기 위해서는 다른 사람들보다 더 많이 생각하고 타인을 배려하는 이해심이 뛰어나야 한다. 이분들은 독서 모임에서 그것들에 뛰어난 두각을 나타내신 분들이었고, 평소 독서를 통해서 인간관계와 스스로의 마음에 대한 인식이 남달랐던 것으로 기억한다. 특히 독서 모임은 책을 읽고 서로 느낀 바를 공유하거나 토론하는 형식으로 진행되므로 사람들 각자가 어떤 인식과 성향을 가지고 있는지 이해할 수 있다는 장점이 있다.

독서 모임은 책 한 권이면 모든 준비가 끝난다. 그래서 가장 쉽게 접근할 수 있는 취미 커뮤니티이자 소통의 장이다. 이러한 독서모임은 소규모로도, 대규모로도 만들기 좋은 커뮤니티다. 소규모로는 친구들끼리 만나 이런저런 이야기를 하듯이 편안하게 진행할 수 있고, 대규모로는 팀으로 나누어 여러 가지 책에 대해 토론이나 소통을 함으로써 좀 더 많은 사람들의 생각을 들을 수 있다는 장점이 있다.

요즘 들어 맥주를 마시며 책을 읽는 서점, 베스트셀러 위주가 아닌 서점 주인의 취향에 따라 고른 책만 판매하는 서점, 연예인이 운영하는 서점 등 특색 있는 서점들이 많이 생겨나고, 이런 서점에서 운영하는 독서 모임도 생겨났다. 또한 출판사에서 운영하는 독서 모임, 평일에는 시간을 낼 수 없는 직장인을 위한 주말 독서 모임, 인기 작가나 파워블로거와 함께하는 독서 모임도 있다.

평소 책과 독서에 관심이 있다면 지역 커뮤니티를 통해 아이들이 어린이집에 간 낮 시간을 활용한 독서 모임을 만들어보는 것은 어떨까? 아마 많은 엄마들의 호응이 있지 않을까 한다. 책으로 교양도 쌓고, 엄마들과 교류도 할 수 있는 좋은 모임이 될 것이다.

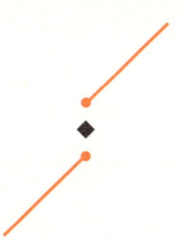

공동구매의 성지
아파트 단지 모임

　　　　　예전에는 아파트 단지 내 모임이
라고 하면 부녀회나 노인정 같은 것들을 떠올리곤 했는데 요즘은
아파트가 분양이 되면서부터 온라인 커뮤니티가 생기고 그 안에
서도 여러 가지 모임이 이루어지는 추세로 변화했다. 처음에는 요
즘처럼 온라인 커뮤니티를 만들 생각조차 하지 못했고 입주를 해
서 실제로 거주하며 같은 아파트에 살고 있는 이웃들과 사귀고 지
역의 정보를 직접 경험함으로써 얻을 수 있었지만, 지금은 분양
이 시작되기만 하면 커뮤니티가 만들어져서 단지 내 필요한 편의
시설이나 인테리어 등 입주 예정자로서 의견을 표현하고 분양사
와 협의하는 힘을 가지게 되었다. 그만큼 커뮤니티에서 사람이 모

이면 한 사람에 비해 힘이 세지고 표현할 수 있는 기회가 늘어나는 것이다. 내가 이 지면을 통해서 말하고자 하는 아파트 단지 모임은 입주자회의와 같은 것이 아니라 자신이 거주하는 아파트 내에서 적용할 수 있는 모임들이다. 같은 아파트에 사는 엄마들과 친목을 위한 모임을 갖는 것도 좋고, 취미나 스터디 등을 공유하는 모임을 만들거나 참여하는 것도 좋다. 같은 지역 안에서도 같은 아파트에 산다는 이유는 엄마들에게 굉장한 친밀감을 주고 더욱 친해질 수 있는 요소로 작용한다. 그리고 한 발 더 나아가서 사업성을 띄는 모임을 만들 수도 있다.

가계경제가 갈수록 팍팍해지면서 엄마들은 한 푼이라도 아끼려는 노력을 하게 되고 그에 따라 중고구매나 공동구매가 많이 늘어나고 있다. 중고품 구입은 말 그대로 다른 사람이 쓰던 물건을 싼값에 사서 다시 쓰는 것인데 특히 육아용품은 아이가 자라면서 몇 달 안 쓰고 치워야 하는 경우가 많아 인기가 높다. 공동구매는 예를 들어서, 내가 한 봉지에 15,000원짜리 닭갈비를 만 원에 구매할 수 있다면 내가 거주하는 아파트 커뮤니티나 1층 라인마다 있는 게시판에 공동구매 내용과 연락처를 남긴 종이를 붙이는 것이다. 만 원짜리 닭갈비에 천 원씩만 붙여도 구매하는 사람들이 많아지면 나에게 이익으로 남을 수 있다. 아파트 내 공동구매는 사람들이 물건을 찾아가는 방식이라서 배달을 할 필요도 없다. 한 아파트에 몇 천 세대인데 그중에 100명만 해도 나에게는 이득인 셈이다.

그리고 내가 만약 중국어를 좀 할 줄 안다고 치자. 이것으로 돈을 벌고 싶다면 아이들이나 성인들 대상으로 중국어를 가르쳐주는 교육 공동구매를 진행할 수도 있다. 10명이면 10명 인원수를 정해서 원래는 1시간 당 1만 원이라면 8천 원으로 등록비용을 내려주는 것이다. 이것 또한 아파트 게시판이나 커뮤니티를 통해 홍보할 수 있고, 한두 달 지속적으로 진행이 되었다면 이것을 사업화하는 것도 가능하다. 공부방은 예전부터 두세 라인에 한 집 정도 있어 왔지만 그것을 어떻게 체계적으로 운영하고 드러낼 것인가가 내가 말하는 사업들의 관건이다.

혼자서 이러한 일들을 벌이기 힘들다면 같은 아파트에 거주하는 엄마들끼리 뭉쳐보는 것도 좋다. 앞서도 계속 언급했지만 엄마들이 모이면 더 큰 에너지가 생기고 아이디어가 생긴다. 혼자서는 힘들지만 사람이 여럿이면 각자 가진 재능과 생각이 다르기 때문에 더 큰 사업을 계획하고 구상할 수 있다.

내가 커뮤니티를 운영하는 모습을 보고 많은 엄마들이 묻곤 한다. 그녀들은 성공적인 커뮤니티를 운영하고 또 그로 인해 사업적으로 성장하는 법을 알고 싶어 한다. 그런 엄마들 중에는 나의 컨설팅과 노하우를 전수받고 아주 사소한 아이디어 하나로 출발

했다가 지금은 제법 큰 사업을 꾸려가는 경우도 적지 않다.

이 책을 읽는 누군가가 "그럼, 작가님처럼 커뮤니티로 성공하려면 제일 먼저 무엇을 해야 하나요?"라고 질문한다면 나는 이렇게 대답하고 싶다.

"일단, 모이세요!"라고.

잘나가는 여자들에겐 커뮤니티가 필요하다

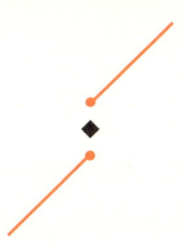

너넨 몇 만 명이야?
지역 맘 카페 모임

커뮤니티의 활성화는 맘 카페로부터 이루어진 게 아닐까 싶을 정도로 맘 카페는 커뮤니티의 대표 격으로 자리 잡았다. 반드시 한 지역에 한 개의 맘 카페만 있는 것은 아니고 목적과 연령 등 맘 카페가 정한 특성에 따라 지역마다 여러 개의 카페가 존재하기도 한다.

내 경험에도 그렇지만 처음 맘 카페가 생겼을 때는 대부분 수다의 용도로 사용되었다. 집에서 아이만 바라보고 있자니 답답하고 누군가 선뜻 만나기도 힘들 때 맘 카페에 속사정을 털어놓으면 기분도 풀리고, 다른 엄마들이 공감하며 달아주는 댓글에 답답했던 마음이 확 열리기도 한다. '다른 사람들도 나랑 비슷하게 사는

구나, 나만 이렇게 힘들어하는 건 아니구나, 우리 집 가족들만 이렇게 답답한 건 아니구나, 우리 애만 이렇게 땡깡을 부리는 게 아니구나…….' 이렇게 엄마들이 겪는 여러 가지 일들이 나 혼자만 감당하며 사는 일이 아니라는 위안과 안도를 주는 것이 맘 카페의 가장 핵심적인 기능이 아닐까 싶다.

거기에 아이들 교육 정보, 지역 음식점 정보, 병원 정보, 교통 정보, 주거지 정보 등 지역 안에서 얻을 수 있는 각종 정보들을 공유하는 것으로 이야기가 확대되면서 이제는 타 지역으로 이사를 가는 엄마들이 이사 갈 지역의 맘 카페부터 제일 먼저 찾아서 가입하는 정보의 중심 역할을 하게 되었다. 온라인에서 어느 정도 친분을 쌓고 익숙해지면 이제 오프라인 모임을 만들어 엄마들이 교류한다. 띠별 모임, 취미 모임, 예비 맘 모임, 동네별 모임 등 여러 오프라인 모임이 만들어지고 해당 모임 게시판도 요청해 온라인에서도 친목을 다진다.

이렇게 지역 맘 카페의 역할과 회원 수 규모가 커지면 맘 카페 운영자들 역시 여러 가지 고민을 하게 된다. 엄마들의 참여를 돋우고 가입한 많은 사람들이 커뮤니티에서 무언가를 얻길 바라는 마음에 각종 이벤트도 구상하고, 지역 업체와 협력을 이뤄 카페 회원들에게 작은 혜택이라도 돌아갈 수 있도록 발로 뛴다. 더군다나 요즘은 커뮤니티가 기업화 되는 경향이 커져서 맘 카페가 지역과 연계해 많은 사업들을 벌여나가는 추세이다. 엄마들을 위해 (커피를 마시는) 카페를 만들기도 하고, 엄마들의 자아실현을 돕는 강의도 유치한다. 또한 지역 자치단체와 협의하여 지역 농산물을 소비하자는 차원에서 로컬 마켓을 열기도 하고, 협동조합을 설립해 여성들의 일자리를 지원하는 데 발 벗고 나서거나 창업을 지원하는 등 역할과 영역을 확대하고 있다.

이제 커뮤니티는 특히 여성들에게 있어 하나의 사업적 플랫폼으로 이용할 수 있는 훌륭한 도구로 자리 잡았다. 내가 '여성들에게 커뮤니티가 필요하다'고 외치는 이유도 이런 데에 있다. 이제는 맘 카페가 단순히 지역에서 예쁘게 봉사만 하는, 사회적으로 아무 영향력도 없는 아줌마들이 모인 온라인 카페일 뿐이라는 생각에서 벗어나야 한다. 엄마들이 커뮤니티를 이용해서 창의적인 사업을 구상하고, 실제로 수익을 얻으며 기업가로 성장하는 사례가 늘어나는 것에 대해 기꺼이 응원하고 박수 쳐주는 사회적 시선으로 바뀌었으면 하는 바람이 있다. 그리고 엄마들의 이러한 도전에 아낌없이 지원도 해주었으면 좋겠다.

이미 사회적으로 여성에 대한 혐오감이나 엄마들에 대해 아니꼬운 분위기가 형성되어 있다는 것을 알고 있다. 그러나 모든 여성에 대해, 모든 엄마들에 대해 그런 분위기가 지속적으로 이어지지 않기를 바란다. 그리고 특히 남편들이 아내가 적극적으로 커뮤니티 활동을 하는 것에 응원과 격려를 보내준다면 그 아내들은 더욱 건강한 사회활동을 이어갈 수 있을 거라 생각한다. 가정에서 보여주는 따뜻한 배려와 말은 여성에게 무엇보다 큰 힘이 된다는 것을 알아주었으면 좋겠다.

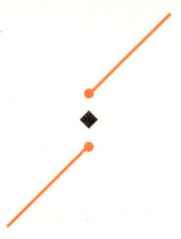

풍덩풍덩! 우리는 풍덩회
운동 모임

내가 아는 모임 중에 '풍덩회'라
는 것이 있다. 이름만 딱 들어도 무슨 모임인지 알 수 있는 이 모임
은 당신이 생각한 대로 수영 모임이다. 물에 '풍덩풍덩' 빠져서 시
간을 보내다 보면 생활에 활력이 생기고 여러 사람들과 친목을 다
질 수 있어서 좋다. 취미 모임 중에서도 함께 운동을 하는 모임은
몸과 정신이 모두 건강해지는 즐거운 모임이 아닐까 싶다. 혼자서
하면 능률도 오르지 않고 재미없는 운동이, 마음에 맞는 사람들과
함께하면 지루할 틈이 없다.

우리가 건강해지려고 운동을 하는데 사실 재미가 없으면 지속
적으로 하기가 쉽지 않다. 인간은 몸과 마음이 늘 편한 쪽으로 움

직이게 되어 있기 때문이다. 그러나 운동을 하러 나가면 나를 반겨주는 동료들이 있고, 내가 포기하려 할 때 손을 잡고 응원해주는 사람들이 있으면 더 신이 나서 운동에 몰입하게 된다. 또 운동을 하다 보면 그 운동을 잘하기 위해서 필요한 정보들이 있기 마련이다. 수영의 경우에는 자유형, 배영, 접영 등의 수영법, 모자는 어디에서 구매하는지, 어떤 수경이 잘 보이고 좋은지 등을 서로 이야기하며 공유할 수 있다.

함께 운동을 하면서 다지는 친목은 다른 모임보다 좀 더 끈끈한 우정을 형성하게 해주는 것 같다. 매번 작심삼일로 끝나기 쉬운 운동을 함께함으로써 서로 좋은 에너지를 주려 노력한다는 점에서나 혼자보다는 누군가가 있어야 긍정적인 경쟁의식도 생기는 것은 물론 종목에 따라서는 여러 사람이 있어야 가능하다는 점에서도 그렇다. 운동이라는 것은 그냥 무작정하는 것이 아니라 올바른 방법과 도구 사용법 등을 알아야 할 수 있다는 점에서도 서로 가르치고 배우며 더욱 돈독한 친목 관계를 다질 수 있다. 또한 운동이 어떤 종목인지에 따라서는 돈을 내고 배우기 아까운 것들도 종종 있다. 그럴 때 모임을 이뤄서 운동을 하면 값비싼 수업료를 내지 않아도 나를 지도해줄 멘토를 만날 수 있다. 예를 들어, 배드민턴 모임을 만들고 싶다면, 사람을 모으고 장소를 섭외하고 강사님을 초빙하여 모임 사람들과 나누어 강습료를 낼 수도 있다.

그리고 운동에 흥미와 재미가 생기기 시작하면 자연스럽게 기록이나 몸의 변화에 신경을 쓰게 되는데 함께 운동을 하는 동료들은 적당한 자극제가 되어 주기도 한다. 긍정적인 경쟁의식은 건강한 몸을 만드는 데 가장 좋은 촉매제다.

어릴 때는 몰라도 사회에 나와 점점 나이가 들수록 마음에 맞는 친구를 만든다는 것이 사실 쉽지는 않은 일이다. 그러나 운동이나 각종 취미를 함께 배우고 공유하는 모임은 나이나 지역, 직업 등을 막론하고 같은 분야에 열정과 흥미를 가진 사람들이 모이는 것이므로 만남 그 자체가 즐겁고 활력이 된다.

특히 엄마들에게 있어서 운동 모임은 정말 좋은 커뮤니티 활동이 아닌가 싶다. 육아로 인한 스트레스나 혼자 말 못할 스트레스가 생길 때 일정하게 시간을 정해두고 다른 사람들과 함께 운동을 하면 스트레스 해소에도 큰 도움을 주고, 혼자서 집안에 고립되어 있다가 개방된 공간에 가서 여러 사람들을 만나 대화도 나누고 몸도 움직이면 그나마 지친 일상에서 작은 숨통이 트인다는 느낌을 받을 수 있을 것이다.

운동 모임은 전업 육아맘들에게 가장 추천하고 싶은 모임이기도 하다. 육아는 생각보다 많은 체력을 요하는 일이기 때문에 육아를 하면서 꾸준히 운동을 할 수 있다면 쉽게 지치거나 우울증에 시달리는 등 육아 스트레스에서 오는 안 좋은 영향에서 조금은 해

방될 수 있다. 게다가 출산한 지 얼마 안 된 엄마들에게는 운동으로 산후 우울증을 극복하거나 임신하면서 찐 살을 건강하게 뺄 수 있는 기회가 될 수도 있을 것이다.

몸도 마음도 즐거워지고 건강해지는 운동 모임! 한번 추진해 보는 것은 어떨까?

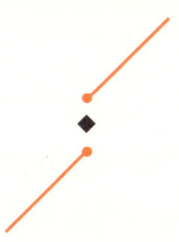

우리는 매력 '덩어리'
반전몸매 모임

우리 커뮤니티에는 '덩어리' 모임이 있다. 덩치가 큰 사람들이 모인다고 해서 덩어리인 것도 있지만 너무나 유쾌하고 긍정적이고 발랄한 매력덩어리들이 모였다고 해서 '덩어리' 모임이다. 누가 지어준 것도 아니고 모인 분들이 자발적으로 지은 이름이다. 게다가 이분들이 활동하는 카카오톡방 이름은 '덩방'이다. 실제로 평균보다 좀 더 통통하거나 뚱뚱한 엄마들은 "아, 나 살 너무 쪘어. 살 빼야 돼."라며 스트레스를 받거나 누군가를 만나러 밖에 잘 나가지 않으려 하는 경향이 있다. 그래서 이런 분들에게 긍정적으로 건강을 유지하는 방법을 알리기 위해 커뮤니티 내에서 1년에 2번 정도 '한아름 바디챌린지'를 진행한다. 한아름 바디챌린지는 이렇게 진행된다.

먼저 이 바디챌린지 신청자를 받는다. 그런데 그냥 아무나 받는 것이 아니라 한 사람당 만 원의 회비를 걷는다. 만약 100명을 모았다면 100만 원이 모이는 셈이다. 그러면 일정한 기간 동안 가장 건강하게 살을 많이 뺀 엄마들 순으로 1, 2, 3등을 선발해서 100만 원의 금액을 상금으로 차등 배분하는 것이다. 그리고 바디챌린지를 진행하면 지역 헬스클럽이나 한의원 등에서 협찬을 받을 수가 있는데, 이 바디챌린지에 참여하는 사람들에 한해 헬스클럽 할인권이나 다이어트 한약 등을 선물로 준다. 이런 혜택들을 받기 위해서 참여자들은 정말 열심히 살을 뺀다. 바디챌린지의 목적이 건강하게 살을 빼는 것이므로 무조건 굶는다든가 약을 먹어서 빼는 것을 막기 위해 매일 미션이 주어진다. 서로의 미션 진행 과정을 살펴보면서 의지를 다지거나 더 열심히 해야겠다는 생각을 하기도 한다. 서로에게 동기부여가 되는 것이다. 시상자를 정할 때도 체지방률, 골격근량 등을 철저히 재어 가장 건강한 방식으로 살을 많이 뺀 사람에게 상금이 돌아가게 한다.

지금까지 이야기한 것이 개인전이라면 단체전 바디챌린지도 있다. 결과적으로 두 팀을 뽑아 1, 2등 시상을 하는데, 팀이 꾸려지면 팀별 PT를 무료로 제공한다. 팀원들은 PT하는 과정을 반드시 인증해야 하고 서로 식단을 공개하며 경쟁이 붙는다. 그렇게 해서 어떤 분은 30kg을 뺐고 지금까지 유지하고 있다. 바디챌린지를 진행할 때마다 느끼는 거지만 정말 재미있는 활동이다. 다같이 운동하는 법, 나름대로 가지고 있는 효과적이면서도 건강하게 살을 빼는 방법을 서로 공유하고 응원하는 모습이 그렇게 보기좋을 수가 없다.

사실 지역 헬스클럽에서는 덩어리 모임이 바디챌린지에 도전하는 것에 관심이 많고 호응도도 높은 편이다. 덩어리 회원 중에한 명만 특정 헬스클럽에서 운동해 살 빼고 상금까지 받게 되면홍보 효과가 제대로이기 때문이다. 그래서 헬스클럽에서는 늘 우리 매력덩어리들을 노리고 있다. 헬스클럽의 혜택을 마음껏 누리며 건강하게 살도 뺄 수 있으니 이것이야말로 덩어리 모임의 특혜가 아닐까 싶다. 꼭 무언가를 잘하는 사람, 뭔가 줄 게 있는 사람만혜택을 받을 수 있는 것은 아니다. 다른 사람보다 살집이 좀 있다는 이유만으로도 우리는 누군가에게 타깃이 되는 소중한 존재가되기도 한다. 나 혼자 있으면 그냥 음식을 좋아하는 여자로만 보일지 몰라도 그들이 모이면 헬스클럽에서 눈독을 들이는 수혜자가 된다.

관점을 바꾸면 세상을 좀 더 유쾌하고 신나게 즐길수 있다. 자신이 조금 의기소침하고 자신감이 없다면 커뮤니티에서 사람들과 어울리고, 자신과 비슷하면서도 다른 여러 사람들

을 만나 재미있는 계획들을 세워보면 어떨까? 사람은 생각하는
대로 살지 않으면, 사는 대로 생각하며 살게 되기 때문이다.

주식회사 바늘이야기

취미 모임

취미가 사업으로 발전해 하나의 브랜드와 회사로 성장한 '바늘이야기'는 손뜨개 좀 한다는 사람들 사이에서 이미 유명하다. 경기도 파주에 본사를 두고 있는 이 회사는 전국에 체인점을 비롯하여 손뜨개 아카데미까지 운영 중인 중견기업으로 자리 잡았다.

송영예 대표는 1990년대 중반 자신이 취미로 하던 손뜨개로 작품을 만들어 유아 잡지에 연재하면서 인기를 얻었고, 1999년에 국내 처음으로 손뜨개 관련 사이트를 개설했다. 지속적으로 방송이나 책을 통해 손뜨개 문화를 선도해가면서도 사업적으로 그 분야에서 입지를 공고히 다져 나갔다. 2000년대에 들어서 '이달의

CEO상, 경영인 신지식인상, 주부 신지식인상, 모범기업인상' 등을 휩쓸며 취미를 사업화한 획기적인 발상으로 주부들의 창업 발판을 만들어온 공로를 인정받았다.

'손뜨개가 무슨 사업이 되겠어?'라는 주변의 시선에도 아랑곳하지 않고 자신만의 길을 구축해온 바늘이야기는 현재 전국 46개의 체인점을 갖추고, 손뜨개 및 기계편물 교육을 실시하는 학원 운영, 핸드메이드 완제품 판매, 디자이너 패키지 개발, 손뜨개 단행본 발행 및 판권 수출, 신재료 개발 및 생산 등을 하는 국내 최대의 손뜨개 생산, 유통회사로 성장했다. 게다가 전국에 체인점을 운영하는 점주들 역시도 돈을 벌겠다는 마음보다는 자신이 진정으로 좋아하는 취미로 일을 할 수 있다는 점 때문에 바늘이야기를 창업하는 경우가 많아 폐점률이 매우 낮고, 본사에서 정기적인 교육과 모임활동을 활발히 마련하여 점주들의 호응도 역시 매우 높다고 한다.

'덕업일치'라는 신조어를 들어 봤는가. 덕업일치는 '덕후'와 '직업'이 합쳐진 말로 좋아하는 일을 하며 먹고사는 것을 말한다. 바늘이야기야말로 덕업일치의 전형적인 모범 사례가 아닌가 싶다. '여자들을 위한 알짜배기 모임'에서 이 회사를 소개한 이유는 취미가 사업이 될 수 있다는 것을 알리기 위함이다. 좋아하는 일을 하면서 밥벌이를 할 수 있다니 누가 이 기적 같은 일을 마다하겠는가. 그러나 이런 삶을 원하는 사람은 많아도 실제로 행하면서 사는 사람은 그리 많지 않을 것이다. 그런 의미에서 바늘이야기는 특히 여성들에게 많은 희망을 품게 하는 것 같다.

옛날부터 어른들이 무엇엔가 빠져 있는 사람에게 "그게 밥 먹여주니?"라고 했던 핀잔은 이제 더 이상 입 밖에 낼 수 없는 세상이 되었다. 취미가 밥 먹여주고 덕질(자신이 좋아하는 분야에 빠져서 그와 관련된 것을 모으거나 찾아보는 행위를 이르는 말)이 밥벌이가 되는 세상이다. 여기에 한 술 더 떠 취미를 찾지 못하는 사람들에게 매달 취미를 배달해주는 사업까지 등장했다.

혼자서 몰입하는 취미도 재미있지만 여러 사람들과 같은 취미를 공유하는 커뮤니티를 만들어 보는 것은 어떨까? 여러 사람들과 취미활동을 하다 보면 취미를 뛰어넘는 아이디어가 떠오를지도 모를 일이다. 어찌 보면 내가 좋아하는 일을 직업으로 삼는 일이 이제는 더 이상 어려운 일이 아닐 수도 있다.

좋아하는 것은 그냥 취미로 남겨둬야지 그것으로 일까지 하면 즐거움이 사라지지 않겠냐는 우려를 나타내는 이들도 있지만, 어차피 먹고살기 위해 하는 일이라면 괴로운 일보다는 조금이라도 좋아하는 일을 하며 돈을 버는 게 더 낫지 않나 싶기도 하다. 다행히 엄마들에게는 그것을 찾을 수 있는 시간이 있고, 풍부한 아이디어가 있다. 그렇기에 가능성이 크다. '아무것도 하지 않으면 아무런 일도 일어나지 않는다'는 어느 명언처럼 아이디어가 있다면 도전하는 것이 조금이라도 내 삶의 후회를 없앨 수 있는 유일한 길이다.

협동조합
& 사회적 협동조합

2장의 TIP에서 말했던 것처럼 커뮤니티의 특성이나 목적에 따라 커뮤니티를 영리적으로 또는 비영리적으로 운영할 수 있다. 보통 커뮤니티라는 것은 사람이 '모여' 있어야 형성이 되므로 개인사업자라기보다는 단체 또는 조합의 형태로 구성되기 쉽다. 협동조합은 혼자서 사업을 하기 어려운 개인들이 모여서 사업을 하는 개념으로, 구성원들이 조합원이 되며 그중 일반 협동조합은 돈을 벌어서 임금을 주고 남는 수익을 조합원들이 나눠가지는, 특정인의 영리 목적에 의해 만들어지는 영리법인이다. 협동조합은 사업을 해서 이윤을 만들어낸다는 점에서는 주식회사와 비슷하다고 생각할 수 있지만, 조직을 운영하는 방법 및 목적에 따라 주식회사와는 조금 다른 양상을 띤다. 주식회사는 투자금을 낸 주주들의 이익을 최우선으로 운영된다면 협동조합은 출자금을 낸 조합원들의 이익보다는 전체 조합원들의 권리를 세워주고 지역 사회에 공헌한다는 의미가 더 크다.

주식회사는 투자금액(주식)에 따라 의결권의 차이를 인정하나 협동조합은 조합원 1인의 출자금액의 제한(30%)도 있고, 출자금액의 차이에도 불구하고 조합원간 동동한 의결권을 인정한다. 사업 이익의 배당도 주식회사는 별다른 제한이 없지만, 협동조합은 사업수익의 50% 이상을 사업에 참여한 조합원들에게 골고루 배당해야 하고, 출자금액에 따른 배당은 10% 이하만 가능하다. 협동조합을 설립할 때는 5인 이상의 조합원 자격을 가진 자가 정관을 작성하고 창립회의를 거쳐 지역 사무소의 소재지를 관할하는 시·도지사에게 신고하면 된다. 이전에는 대규모의 조합원을 모아야 했지만, 2012년 12월 협동조합기본법에 의해 관련법이 수정되어 지금은 그렇지 않다.

반면, 사회적 협동조합은 지역 주민의 권리와 복지 증진 등을 위한 사업을 하거나 취약 계층에게 서비스 혹은 일자리를 제공하는 등 영리를 목적으로 하지 않는 협동조합이다. 사회적 협동조합은 공익사업을 40% 이상 수행해야 하며 수익이 남아도 조합원들이 나눠 가지지 못하는 비영리법인이다. 비영리법인은 추후 기부금 영수증을 발행할 수 있는 '지정기부금단체'가 될 가능성도 있다. 일반 기업들은 세금 또는 기타 이유로 기부를 많이 진행하고 있는데, 대부분은 기부금 영수증 발행이 가능한 곳에 기부하기를 원한다. 그렇기 때문에 사회적 협동조합으로 '지정기부금단체'가 되면 자금을 조금 더 손쉽게 기부 받아 공익사업을 펼쳐나갈 수 있다는 장점이 있다.

사회적 협동조합은 공익사업 중에서도 관련법에 따른 사업 중 하나를 주 사업(법인 전체 사업의 40% 이상)으로 수행해야 한다. 보통은 지역 사회의 재생이나 지역 경제의 활성화, 지역 주민을 위한 복리 증진, 지역 사회가 당면한 문제를 해결하는 사업 등을 시행하는 지역 사업 유형, 취약계층에게 복지·의료·환경 등 사회 서비스를 제공하는 유형, 취약계층에게 일자리를 제공하는 사업 유형, 국가나 지방자치단체로부터 위탁 받은 사업 유형, 그밖에 공익사업 유형 이 5가지로 사업 유형이 나눠진다. 특히 지역 사업 유형에는 지역 특산품이나 전통시장, 상가 활성화 사업 등 지역 자원을 활용하여 지역 사회에 기여하는 사업들이 대부분이며 이밖에 조합원의 직업적 특성에 따라 의료 사회적 협동조합이나 학교 사회적 협동조합, 문화 사회적 협동조합도 있다.

내가 만든 협동조합에서는 '달에서 온 토끼'라는 기부 카페를 만들어 수익 사업과 동시에 지역 사회에 기부도 하는 형태의 사업을 벌이고 있으며, 정기적으로 플리마켓과 로컬마켓 등 지역 농산물이나 지역에서 만들어진 물품을 판매하여 수익을 올리고 수익금의 일정 부분을 계속해서 지역 사회에 환원하는 기부 활동을 하고 있다. 요즘은 맘 카페들에서 협동조합의 형태로 여러 가지 다양한 사업을 구상하고 실행하며 지역 사회의 경제 활성화와 발전을 위해 기여하고 있다.

잘나가는 여자들에겐
특별한 커뮤니티가 있다

엄마들의 재능으로
숲을 이룬 공간

핸드메이드 포레스트(FOR+REST) 이혜숙 팀장

　　엄마들이 모인 맘 카페에서는 뜨
개인형, 디퓨저, 숙성비누, 헤어핀 등 자신이 취미 삼아 만든 것들
을 게시판에 올리는 엄마들이 많다. 직장에 다니던 엄마들은 출산
과 육아로 집에 머물면서 그동안 배우고 싶었지만 직장생활 때문
에 도전하지 못했던 것들에 관심을 갖기 시작하고 문화센터나 공
방을 찾아 이것저것 배우고 만들어보기 시작한다. 그러면 결과물
이 생기니 일상 공유도 할 겸 카페에 자신이 만든 핸드메이드 제
품들을 올리는 것이다. "너무 예뻐요, 잘 만드셨네요. 저도 배우고
싶어요."라는 댓글이나 "만들어서 팔아도 되겠는데요? 저 같으면
사겠네요."라는 댓글까지…… 칭찬과 응원의 말들이 쏟아진다.

엄마들이 만든 핸드메이드 제품은 엄마의 마음으로 정성스럽게 만들어 질은 아주 좋지만 포장이나 브랜드 디자인, 마케팅 등은 엉성한 경우가 많다. 이혜숙 팀장은 엄마들의 그런 재능이 아까워서 핸드메이드 제품의 판매를 돕기 위한 팀을 모집했다. 자신이 좋아하는 일로 돈까지 벌 수 있다면 얼마나 좋겠는가. 엄마들에게 더욱 큰 자극과 동기부여가 될 거라 생각한 것이다.

내가 이혜숙 팀장을 만나기 전에는 핸드메이드 제품을 만드시는 분들에게 카페에서 적극적으로 자신의 제품을 홍보하도록 허락했었다. 카페에 올려놓고 자유롭게 판매하도록 한 것이다. 그런데 이것이 불법임을 나중에야 알게 되었다. 머리핀 정도는 괜찮지만 수제비누는 반드시 품질검사를 받아야 하고 먹을거리의 경우 식품위생법에 따른 조리 시설을 갖추는 등의 절차가 필요하다. 또한 금전거래가 이루어지는 경우 세금 신고를 위해 사업자등록증을 내야 한다. 나 또한 아무 지식 없이 카페를 운영하다 보니 커뮤니티 운영자로서 너무나 무지함을 깨달았고, 엄마들이 만든 것들을 그냥 묻히게 할 수는 없다는 생각에 관련법을 공부하기 시작했다. 그래서 품질검사가 필요한 사람에게는 검사를 받아서 판매를 할 수 있게 안내했고 그렇지 않은 것들은 그대로 팔 수 있도록 했다.

또한 판매를 활성화하기 위해 카페 내 제휴업체들을 대상으로 영업을 하러 다녔다. 엄마들은 자신이 만든 물건을 전시하면서 판매할 오프라인 공간이 필요하고, 장사를 하는 사람들은 손님이 필요하다는 점을 이용한 것이다. 말하자면 상점 측에서 자신의 가게 공간 한편에 엄마들이 만든 제품을 비치할 수 있는 공간을 마련해주면 우리 한아름 카페에서 적극적으로 홍보를 해주고 그 물건을 사러 온 손님들이 들른 김에 음식을 먹거나 상점이라면 물건이라도 하나 더 사서 나가지 않겠느냐는 논리였다. 제휴업체들은 자신들의 가게 홍보에도 도움이 되니 대부분 흔쾌히 승낙해주었고 그렇게 한두 물품을 비치해서 판매를 해봤는데 결과는 별로였다. 제품은 생각보다 잘 나가지 않았고 식당에 향초나 파우치 같은 것들이 전혀 어울리지 않았다.

문제는 그것뿐만이 아니었다. 아무래도 취미로 만들다 보니 시중 상품보다 전문성이 좀 떨어졌다. 소비자의 입장에서 봤을 때 '공장에서 찍어 나오는 상품에 비해 가격도 비싸고 포장도 엉성한 데다 브랜드도 없는데 과연 이것을 구매할 이유가 있을까?'라는 의문이 생겼다. 아무리 엄마의 정성으로 만든 제품이라지만 시장에 나오는 순간 소비자의 눈에 의해 냉정한 평가를 받게 되는 것이다. 디자인이 예쁘든지, 원가가 획기적으로 절감된다든지, 마케팅력이 뛰어나든지 무언가 다른 제품과 차별화되는 경쟁력이 있어야겠다는 생각이 들었다. 그래서 나는 이 문제를 함께 논의하고, 엄마들의 핸드메이드 상품 판매를 도울 사람들을 모집하기 시작했다. 모아놓고 보니 디자인 회사에 다녔던 분, 대기업 마케팅 팀에서 일했던 분, 글을 잘 쓰는 분 등 정말 다양한 재능을 가진 사람들이 모였고 그중에서 지금 포레스트를 이끄는 이혜숙 팀장도 포함이 되어 있었다. 여럿이 핸드메이드 제품을 만들어 팔고자 하는 엄마들을 어떻게 도울 수 있을지 회의하다 보니 정말 좋은 아이디어가 쏟아져 나왔다.

이혜숙 팀장은 핸드메이드 제품은 한 종류만 있을 때보다 한데 모여 있으면 예쁘고 보기가 좋기 때문에 핸드메이드 작품을 만드는 분들을 모집하여 팀 단위로 하나의 공동 브랜드를 만들어 통일적인 패키지 디자인을 해서 전문성을 높이자는 의견을 내었다. 또한 핸드메이드 마켓을 정기적으로 열자는 의견도 나왔다. 이런 의견들을 체계화해줄 팀장을 그 자리에서 뽑았는데 당연히 좋은 아이디어를 많이 내준 이혜숙 팀장이 포레스트를 맡게 되었다. 또한 팀장을 필두로 많은 엄마들이 재능기부로 광고나 마케팅, 재정 지원을 도왔다. 브랜드를 만들 때나 디자인 제작, 상표권 등록 등 핸드메이드 판매자들을 돕기 위한 비용은 카페 내에서 받은 광고비를 통해 마련했다.

포레스트(FOR+REST)라는 브랜드명은 한아름 카페에서 공모전을 열어 후보를 뽑고 거기에서 가장 많은 추천을 받은 이름이

잘나가는 여자들에겐 커뮤니티가 필요하다

었다. 그리고 '한강새도시 엄마들이 모여서 숲을 이룬 공간'이라는 의미와 가치도 부여했다. 핸드메이드 상품은 사실 제품이라기보다는 작품에 더 가깝고, 소비자들의 감성에 의해서 구매가 되는 특징이 있어서 '문화'를 만든다는 의미가 더 강하다.

무작정 팔리려고만 할 것이 아니라 뭔가 스토리가 담긴 브랜드를 만들어서 이것들을 한데 묶어야겠다는 생각이 든 이혜숙 팀장은 요즘 유행하는 플리마켓이 아닌 핸드메이드 제품만 파는 마켓을 만들어 '핸디마켓'이라는 이름도 붙여주었다. 참가자가 많을 때는 15명까지 올 정도로 엄마들의 반응은 뜨거웠다. 김포뿐만 아니라 나가서 판매해볼 수 있는 마켓에는 대부분 참여하려고 노력했다.

이혜숙 팀장은 오프라인 마켓은 그렇게 발로 뛰면서 진행했고 다음에는 온라인 시장을 겨냥했다. 무료로 디자인만 간단히 해서 온라인 쇼핑몰을 만들고, 엄마들이 만든 핸드메이드 제품들을 올려두었지만 생각만큼 활성화가 잘 되지 않았다. 보통 일정 분량의 재고를 쌓아놓고 고객이 결제를 하면 바로 배송해주는 방식으로 원활하게 진행이 되어야 하는데, 핸드메이드 제품이다 보니 주문이 들어오면 만들어야 하고 재료도 그때마다 조금씩 구입하게 되니 제품의 단가도 높아질 수밖에 없었다. 지금은 이러한 문제점을 많이 개선하여 한 제품을 여러 작가들이 만들도록 하고, 오프라인 판매 장소를 만들어서 주문이 들어오면 작가에게 작업량을 통보하고 택배 발송 업무까지 바로 진행할 수 있는 시스템을 만들어가고 있다.

포레스트는 2014년 9월 발대식 이후 1기부터 5기까지 꾸준히 핸드메이드 제품을 만드는 엄마들을 모집하여 활동하고 있으며 더 나아가 개인사업자로 성장하는 핸드메이드 작가를 배출하는 시스템으로 이어지고 있다. 현재는 네이버 스토어팜에서 제품을 판매하고, 공동의 블로그를 키우는 등 다양한 홍보 활동까지 영역을 넓혀가고 있다. 그리고 여러 핸드메이드 작가가 모여 수능 선물세트, 명절 선물세트 등을 구성하여 판매하는 콜라보 기획도 진행 중이다.

아마 나 혼자 이런 기획들을 구상하고 실행하려고 했다면 포레스트가 지금과 같은 결과를 만들어가기 어려웠을 것이다. 비전을 제시하는 사람과 구체적으로 계획을 하고 실천하는 사람, 자신의 재능을 아낌없이 내어준 사람, 정성 가득한 핸드메이드 제품들을 만들어 내는 작가가 없었다면 불가능한 일이었다. 역시 엄마들이 모이면 못 해낼 일이란 없다.

지역을 살린다!
그곳만의 특별한 체험

한아름 마을학교 최미희 팀장

내가 교육을 전공했기 때문인지는 몰라도 처음 김포로 이사를 왔을 때부터 이곳이 교육적으로 정말 매력적인 도시가 되기를 바라는 꿈이 있었다. 요즘은 대치동처럼 사교육만을 활성화하는 추세도 아니고 나 또한 그게 옳다고 생각하지는 않기 때문에 아이들의 교육과 엄마의 자아실현을 동시에 만족하면서도 지역의 특성을 잘 살릴 수 있는 교육 문화가 필요하겠다는 생각이 들었다. 요즘 부모들은 고액의 금액을 교육에 투자하는 만큼 짧은 기간 안에 큰 성과가 나오기를 바라는데, 이렇게 짧은 기간 안에 아이를 교육해서 큰 성과가 나오기를 바라는 것은 욕심이다. 아이가 태어나자마자 밥을 먹거나 걷지 못하는 것처럼 당연히 지적인 부분이 성숙하는 데는 오랜 시간이 걸릴 수밖에 없다. 이 당연한 원리를 알지 못하고 주변 부모들의 말에 불안해지고 비싼 교육비를 내고, 그 교육비에 걸맞은 결과를 바라는 것은 어리석다. 이런 현실에 나는 요즘 도외시되고 있는 전인교육에 도움이 되는 프로그램이 우리 지역, 김포에서 활성화되었으면 좋겠다는 바람이 있었다.

그래서 내가 처음 시작한 것이 '교육 스터디' 모임이었다. 전직 교사였던 분들, 학원 강사였던 분들, 교대나 사범대를 나온 분들 등 교육에 관심이 있는 엄마들이 모였다. 허황된 바람일 수도 있고 의욕만 앞섰을 수 있지만 어쨌든 이 분야에 관심이 있는 참여자들끼리 돈을 모아 유명 강사들을 초대해서 부모교육 강의도 주최하고 지속적으로 강의를 들으면서 우리 마을의 아이들에게만큼은 결과 위주의 교육이 아닌 다양한 체험을 통해 바람직하게 성장할 수 있는 프로그램을 만들고자 머리를 맞댔다. 그리고 이 분야에서 나보다 더 이 팀을 잘 이끌어갈 수 있는 팀장을 뽑아 마을 아이들을 위한 프로그램을 개발하기 시작했다. 그 팀장이 바로 지금의 마을학교 팀장을 맡고 계시는 최미희 팀장이다.

팀장의 지도 아래 열심히 스터디와 교육 프로그램 구상을 하던 중에 아주 좋은 기회가 찾아왔다. 한강신도시 내 야생조류생태공원이라는 곳에서 아이들을 위한 벼농사 체험을 준비하고 있는

잘나가는 여자들에겐 커뮤니티가 필요하다

데 체험을 할 아이들을 모집할 수는 있으나 프로그램 내용을 계획하고 운영할 수는 없으니 한아름 카페에서 맡아 해줄 수 있겠느냐는 제안이었다. 안 그래도 아이들을 위해 어떤 프로그램을 만들 수 있을까 머리를 싸매고 고민하던 차에 정말 좋은 기회라서 냉큼 잡았다.

보통 벼농사 체험은 경기도 부근에서 많이 시행하고 있지만 이런 체험은 한 번 가서 모내기하고 나중에 벼가 다 자라면 또 한 번 와서 벼 베기 체험하고 밥 먹고 집에 가는 것이 일반적이다. 그러나 우리는 김포가 도농복합도시라는 특징을 이용해서 아이들이 지속적으로 자신이 심은 벼를 관찰하고 논 생태계를 관찰하는 프로그램으로 바꾸었다. 아파트 바로 옆이 벼농사 지역이라 모내기를 한 후에도 아이들이 심은 벼를 계속해서 관찰할 수 있고, 논에는 물을 대기 때문에 다양한 수생곤충들을 알아가는 재미도 있다. 이 프로그램은 일회성이 아니라 1년에 걸쳐 진행했다.

첫해에는 최미희 팀장이나 나나 정말 힘들었다. 우리 스터디 멤버였던 엄마들이 주말에 남편, 아이까지 함께 대동해서 다른 아이들의 엄마, 아빠들을 바깥에서 통솔한다는 것이 결코 쉬운 일은 아니었기 때문이다. 그래서 여러 명이 역할을 나누어서 1년 동안 프로그램을 이끌어 나갔는데 예를 들면 이런 식이다. 첫 번째 시간에 '쌀의 역사 배우기'라는 프로그램을 만들었다면 역사 선생님이었던 분이 역사 강의를, 두 번째 시간에 '쌀의 한살이 배우기'가 있다면 예전에 생물 선생님이었던 분이 강의를 해주는 것이다. 각자 잘하는 분야가 있으니 한 타임씩만 맡아서 하면 일 년에 한 번만 참여해도 이 프로그램이 원활히 진행된다.

바깥 활동은 다 같이 보조교사로 참여하고 체험을 직접 진행하는 것은 실제 지역에서 농사를 짓는 분들이 해주시는 식으로 활동했다. 그리고 너무 학습적인 내용으로만 진행하면 아이들이 재미가 없으니 현직 선생님들의 감수를 받아 관찰일기라는 것을 만들었다. 체험에 이어서 논에 사는 곤충들을 그려본다든지 철새들을 관찰하고 그림으로 표현한다든지 하는 활동을 기록하게 하는 것이었다. 첫해에는 그렇게 어렵사리 마무리했고 그 다음 해부터는 반응도 훨씬 좋아지고 봉사자도 늘어나고 김포시 학교급식지원센터에서 관찰일기 발간 비용까지 지원해주면서 한결 운영하기가 나아졌다.

그렇게 1년 동안의 프로그램을 통해 아이들은 자연과 마음껏 친해질 수 있는 기회를 얻었고, 자신이 심은 벼를 수확하여 직접 먹는 활동을 함으로써 자연의 고마움과 위대함을 느낄 수 있도록 이끌었다. 벼농사 체험에 이어 우리가 기획해 운영했던 숲 체험, 치즈 체험 등의 여러 프로그램은 지역 아이들을 자연친화적으로 만들고 식생활 개선에도 많은 도움을 줬다는 내용으로 대학원

논문에 실리기도 했다. 야외 체험을 시작으로 가베나 도자기 만들기, 수 놀이, 책 놀이, 흙 놀이 등 실내에서 할 수 있는 활동도 늘어났다. 실내 놀이를 위해서는 장소가 필요했는데 이것은 아파트 공용 공간을 적극 이용하여 해결할 수 있었다.

일반적으로 아파트는 주민공동시설로 운동시설, 놀이터, 경로당 등의 공간을 필수로 만들게 되어 있다. 그런데 이 공간들이 제대로 활용되지 못하고 방치되어 있는 경우가 정말 많다. 특히나 요즘 새로 짓는 아파트의 경우 커뮤니티 시설의 필요성을 인식하고 있기 때문에 별도의 커뮤니티 시설을 필수적으로 만들어 놓는다. 이 공간을 제대로 활성화하려면 입주자대표회의나 관리사무소 등에서 프로그램을 기획하든 회의 용도로 쓰든 사용을 할 수 있게 해야 하는데 대표자들은 남성이고, 아파트 관리뿐 아니라 대부분 자신의 직업을 가지고 있기 때문에 여기에 신경을 쓸 수가 없는 게 사실이다. 관리소는 또 관리소 나름대로 바쁘다.

최 팀장은 아이들의 실내 체험 활동을 진행할 장소가 필요하고 아파트 커뮤니티 시설은 비어 있으니 이 공간을 적극적으로 이용해 보자는 의견을 냈고, 백화점이나 마트에 가지 않고도 아파트 내에서 문화 강좌를 들을 수 있게 만들어 보자는 아이디어를 제시했다. 마을학교는 그렇게 해서 사무실을 얻게 되었고, 아파트 입장에서는 주민들을 위한 다양한 콘텐츠를 얻게 된 셈이다. 아이들 수업뿐만 아니라 엄마들을 위한 갖가지 수업들이 여기에서 진행된다. 이제 멀리 갈 필요 없이 유모차만 밀고 나오면 애들 수업을 들을 수 있고 취미 강좌를 들을 수 있다. 지금도 한아름 카페에는 관련 문의가 많고 마을학교 수업도 아주 활발하게 이어지고 있다.

최 팀장과 마을학교가 만들어낸 이 같은 체험 활동은 아이들뿐만 아니라 엄마들에게도 변화를 주는 계기가 되었다. 마을학교가 아이를 위한 것이기도 하지만 근본적으로는 자아실현을 꿈꾸는 엄마들을 위한 것이기도 하기 때문이다. 엄마들이 도전하기에 좋은 직업 중에 하나가 바로 '강사'다. 시간을 자유롭게 낼 수도 있으면서 많은 사람들에게 도움을 주고 자신감도 얻을 수 있다는 매력이 있다. 강사가 하고 싶은데 경력이 부족한 엄마들은 마을학교에서 보조교사로 먼저 활동할 수 있다. 그래서 자신감이 쌓이면 직접 아이들을 가르치는 교사가 되고, 더 나아가고자 하는 엄마들은 스터디를 통해 관련 자격증을 취득해서 전문 강사로서 활동할 수 있도록 돕는다.

최 팀장은 이런 일련의 시스템을 만듦으로써 경력단절 여성의 사회재진출을 촉진하도록 돕고 있다. 그리고 마을학교는 처음에 작은 스터디 모임으로 시작했지만 아이들을 위한 체험 학교이자 엄마들의 자아실현을 돕는 사업으로 성장함으로써 지역 사회에도 보탬이 되는 타 지역의 롤모델이 되고 있다.

잘나가는 여자들에겐 커뮤니티가 필요하다

청출어람!
강사들의 신명나는 커뮤니티

에듀커넥션 김지현 대표

스승보다 제자가 더 뛰어날 때 우리는 '청출어람(靑出於藍)'이라는 표현을 쓴다. 에듀커넥션의 김지현 대표는 정말 딱 그런 사례다. 스승이라고까지 하기는 그렇지만 내가 운영하는 한아름 카페를 교과서 삼아 나를 벤치마킹하며 나보다 더 창의적인 아이디어로 사업을 시작했고 지금도 계속해서 성장해가고 있다.

김지현 대표는 서른 살에 전문비서로 오랫동안 근무한 경험을 살려 비서들을 양성하고 교육하는 기관에서 전임으로 강사 활동을 시작했다. 사명을 가지고 열심히 비서 후배들을 만났지만 소속된 교육기관에서 주는 강의 말고는 강의할 기회가 없었다. 소속된 강사들이 많다보니 강의 기회는 분산되는 것이 당연했고 좀 더 강의가 많았으면 하는 마음이 컸다고 한다. 직장생활을 10년 넘게 하면서는 늘 동료와 후배가 있었고, 상사와 멘토도 있었는데 프리랜서 강사는 늘 혼자 일하고, 혼자 밥 먹고, 혼자 공부하고, 혼자 모든 것을 다 해결해야 했다. 나름대로 강사라는 직업을 제2의 천직이라 생각했는데 강의할 기회는 없고, 혼자 일하는 것이 너무나 외롭고 서글퍼 소속된 교육센터에서 인연을 맺게 된 강사님과 네이버 카페를 만들었다.

구체적인 계획은 잡지 않고 일단 대한민국에서 강사를 하고 있지만 자신처럼 강의가 별로 없는 사람들을 한데 모아보자는 생각으로 카페를 개설했다고 한다. 강사들은 보통 기업이나 단체에 파견으로 강의하는 경우가 많은데 사실 유명 강사가 아니고서는 섭외가 잘 들어오지 않는 게 현실이다. 강사 중개 업체를 이용하자니 강의와 강사를 연결해주며 수수료를 받는데 생각보다 그 액수가 커서 중개 업체를 통해 강의를 하더라도 실제 강사에게 남는 돈이라는 건 얼마 되지 않는다. 대다수의 강사들이 경력에 비해 수수료만 떼이고, 좋은 강사가 보장된다는 법도 없을 뿐더러 회사 소속 강사들은 '시키는 것만 해주고 말지' 하는 의욕 상실에 처하기까지 한 탓에 실력은 있지만 업계의 불합리함이나 마케팅 채널의 부족함, 브랜딩 미흡 등의 이유로 알려지지 않은 강사들이 모여 무언가를 이뤄보자, 수익을 창출해보자며 만든 커뮤니티가 '에

잘나가는 여자들에겐 커뮤니티가 필요하다

듀커넥션'이다.

커뮤니티에서 열심히 하는 사람들 몇 명이 모여 모임을 할 때마다 후기도 올리고, 일상 글도 쓰고, 자신이 강의하는 분야에 대해서도 공유하고 피드백 받으며 스터디하니 카페가 활성화되고 많은 강사들이 찾아오기 시작했다. 어느 정도 강사들이 모이자 정모를 개최했고 모두가 모여 한 목소리로 '강의를 잘 뚫기 위해서 이런저런 것들을 해보자, 스터디를 만들자'는 적극적인 의견들이 쏟아졌다. 그리고 서로의 장점을 치켜세워주고 단점을 보완해줄 수 있는 피드백 시스템을 만들자는 의견도 나왔다. 예를 들어서 어느 강사가 비주얼 커뮤니케이션을 잘한다면 다른 강사들은 그 강의를 듣고 해보고 서로 평가를 해주는 것이다. 그렇게 함으로써 강사의 능력이 업그레이드 되고 사람들이 점차 다른 곳에 소개도 해줄 수 있게 되었다. 처음에는 단순히 외로워서 시작한 커뮤니티가 자기 발전과 자기 홍보에 대해 생각하고 서로 윈윈할 수 있는 사업 아이템으로 성장한 좋은 케이스가 아닐 수 없다.

김지현 대표의 말을 들어보니 정말 톡톡 튀는 아이디어가 많았다. 가장 인상 깊었던 것은 보통 강의라는 것이 일반인이나 회사원들을 상대로 놓고 하는 경우가 많은데 여기서는 강의를 강사들 앞에서 한다는 점이다. 그리고 고쳐야 할 점이라든지, 좋은 점에 대해 서로 평가하는 것이다. 강사에 대해서는 강사가 가장 잘 알기 때문이다. 사실 별로 큰 의미가 없는 정모나 회의도 여기서는 철저히 기획하에 진행한다는 점도 독특했다. 또 강사들이 모여 있으니 여러 주제를 가지고 프로젝트 팀을 구성해서 여러 사람이 한 장소에 가서 강의를 하는 기획도 했다. 보통은 한 가지 주제로 한 사람이 한 장소에서 강의하는 경우가 많지만 파트를 나눠서 각자가 잘하는 부분을 맡아 팀을 구성해서 강의를 이끄는 것이다. 그리고 주제가 정해져 있다면 일관된 주제로 서로 다른 콘텐츠를 구성하여 1주에는 누구, 2주째에는 누구 이렇게 발표자를 나눠 기관에 제안서를 넣기도 한다.

　게다가 에듀커넥션이 다른 강사 커뮤니티와 다른 점은 타 카페들처럼 운영자의 강사양성과정을 홍보하기 위한 마케팅 용도로만 운영되지 않는다는 것이다. 운영자가 강사양성과정을 중점적으로 운영하기 위해 개설된 커뮤니티는 사실 주기적인 오프라인 모임도 없고, 가성비 좋은 교육 정보를 얻을 수도 없다. 해당 카페 운영자의 교육 과정 외에 다른 교육에 대한 홍보 글은 삭제 당하는 일도 많다. 하지만 에듀커넥션은 운영자인 김지현 대표의 교육과정을 홍보하는 것이 주된 운영 목적이 아니다. 외부에서 열리는 교육을 전체 공지나 쪽지, 이메일로 홍보하고, 에듀커넥션에서 활발히 활동하는 강사들의 개인 브랜드를 만들어 게시판을 개설해주기도 한다. 강의를 듣거나 직접 강의를 하고 온 포스팅을 주기적으로 작성해 강사들의 활동을 반복 노출하는 데 노력을 기울이며 한 달에 한 번 주기적인 강사 네트워크 모임을 가져 정보를 교환하고 인맥을 넓히는 기회의 장을 만들고 있다. 인맥과 정보를 시원하게 오픈한다는 점이 다른 강사 커뮤니티와의 차별점이다.

에듀커넥션은 SNS 채널 중에서도 비교적 빠른 확산이 가능한 페이스북을 적극적으로 이용하면서 성장했다. 네이버 카페는 활동 지수가 높지 않으면 상위 노출이 쉽지 않아 멤버를 늘리는 것이 상당히 어렵다. 거기다 강사는 굉장히 소수이기 때문에 네이버 카페와 더불어 페이스북을 동시에 운영해 멤버 유입과 브랜딩을 함께 진행하며 발전한 것이 노하우다.

김지현 대표가 처음 에듀커넥션을 설립할 때만 해도 강사를 처음 시작할 때 강사가 강의를 어떻게 의뢰받는지, 교육 시장이나 강사 시장의 트렌드는 어떤지 등을 전혀 알지 못했다고 한다. 하지만 2년이 넘게 에듀커넥션을 운영하면서 꾸준히 시장을 모니터링한 결과 지금은 이 시장이 돌아가는 메커니즘을 파악하게 되었고, 외부 교육을 늘 혼자서 들으러 가는 경우가 많았지만 지금은 어딜 가나 꼭 2~3명 이상의 멤버 강사들을 만나게 되어 전혀 외롭지 않다고 한다.

현재 에듀커넥션의 멤버는 1,200여 명이다. 이 중에서 70% 이상이 현재 활발히 활동하고 있는 강사들이다. 다양한 강사 풀

(Pool)을 보유하고 있다는 것이 많은 사람들에게 알려지면서 '강사 섭외를 가장 빨리 하는 사람=김지현'이라는 인식이 높아졌다. 처음에는 친목으로 만들었지만 500명이 넘고 1,000명이 넘는 순간, 에듀커넥션은 단순한 커뮤니티가 아니라 강사 네트워크 플랫폼으로 성장했다.

강사들 각자가 운영하는 채널은 아무래도 소규모에 불규칙적으로 운영되는 경향이 크다. 그렇다 보니 모임이 지속적으로 열리지 못하고, 어렵게 모아놓은 크루(Crew)들을 단합시키지 못하는 함정이 있다. 이러한 강사들과 모임을 모두 다 에듀커넥션 안으로 흡수하고, 대한민국의 모든 강사양성과정이 에듀커넥션을 통해서 연결되길 희망한다는 그녀는 '대한민국의 모든 강사들을 연결해서 더 많은 성장의 기회를 창출한다'는 비전을 가지고 있다. 그리고 에듀커넥션은 강사들에게 강의가 없는 불안함을 없애주고 직업적 성장을 위한 파트너로서 늘 함께하기를 기대하고 있다.

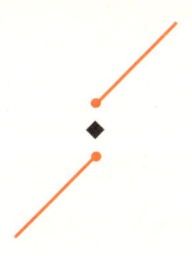

일산 아지매들
모여라!

(주)룰루랄라 이명아 대표

나를 더 깊이 봄

주위를 더 넓게 봄

이웃을 더 살펴 봄

미래를 더 밝게 봄

정말 멋진 문구라고 생각한다. 이 문구는 '일산아지매'라는 일
산 맘 커뮤니티에서 만든 재능나눔센터 '더봄'의 모토이다. 일산
아지매는 개설된 지 10년이 넘은 우리나라 대표 맘 카페이며 사
회적기업으로도 활동하고 있다. 일산아지매를 이토록 오랫동안
탄탄하게 운영해온 이명아 대표는 일산아지매 개설 10년을 기념

해 회원들을 위한 진짜 공간인 더봄센터를 오픈했다. 10년의 노하우가 응축된 만큼 아주 다양한 원데이 강좌가 무료로 진행되고 강사 역시 재능기부로 강의를 진행한다. 부모교육, 노래교실, 핸드메이드 제품 만들기, 어학강좌 등 평일 오전 10시부터 오후 5시까지 다양한 교육들이 마련되어 있다. 재료비가 있는 강의의 경우 재료비까지 더봄센터에서 지원한다.

"회원들 각자 우리 카페에서 얻고자 하는 것이 모두 다르지만, 무언가 얻고 싶어서 카페 활동을 하는 사람들이 대부분이기 때문에 그러한 것을 일산아지매에서 제공해주고 싶다."

회원 수 20만 명이 넘는 커뮤니티를 운영하는 이명아 대표는 운영 10년째에 더봄센터를 만든 이유에 대해 이렇게 답했다. 이 대표는 또 "엄마들은 아이를 키우다가 가정에서 자신의 비중이 예전만큼 크지 않다는 것을 느끼는 순간이나 경제적인 이유 때문에 아무런 준비나 대비도 없이 다시 사회에 뛰어든다. 커뮤니티에서의 활동이나 재능나눔센터에서의 활동이 엄마들의 두 번째 사회생활을 대비해줌과 동시에 경력단절 여성들을 다시금 사회의 일원으로 배출하는 발판이 되었으면 하는 바람에서 더봄센터를 오픈했다."고 덧붙여 말했다.

이러한 커뮤니티와 재능나눔센터를 오픈하고자 했던 이 대표만의 확고한 결심이 선 계기가 있었다고 한다. 어느 날 닭갈비집에서 외식을 하는데 서빙을 하시는 아주머니가 굉장히 고운 차림을 하고서 일을 열심히는 하는데 사람들과의 의사소통이 약간은 소극적인 것처럼 보였다. 한참을 눈여겨보다가 이야기를 나눠보니 이름 꽤나 있는 명문대를 졸업했는데 그동안 육아만 하고 사회생활을 거의 하지 않아서 낯선 사람들과의 소통에 이미 어색해졌다는 말을 토로하더라는 것이다.

사실 남편들은 직장 밖에서도 직업상으로든 스트레스를 풀기 위해서든 여러 사람들을 만나 술을 마시거나 밥을 먹으며 정치, 사회, 경제 등 자신의 이야기를 풀고 상대의 이야기를 들으며 수다를 떤다. 그리고 그것이 사회생활이라 말한다. 그러나 정작 자신의 아내가 가정 일을 돌보면서 술을 마시거나 밥을 먹으며 여러 사람들을 만나 정치, 사회, 경제에 대해 얘기하는 것은 그냥 노는 것이라 생각한다. 왜 그럴까? 가정에서 하는 일을 주부의 일이라고 보지 않고 그냥 당연히 해야 할 것이라고 생각하기 때문이다. 심지어 직장에 다니는 여성들조차도 가정주부가 사회생활을 하는(사람들을 만나서 차를 마시며 수다를 떠는 것) 모습을 보고 '할 일 없는 아줌마들은 차나 마시며 수다 떤다'며 욕을 한다.

이 대표는 엄마들이 모여 온라인이나 오프라인에서 수다만 떨어도 그것이 사회생활을 준비하는 것이라고 말한다. 어떤 일을 하든 의사소통은 가장 기초적인 사회적 능력이다. 아기가 처음 배우는 사회성도 엄마와의 의사소통이 아닌가.

인생은 끊임없는 2인 3각 게임의 연속이다. 수많은 선수들이 모여서 또 다시 서로의 다리를 묶고 삐걱대며 어울려 살아가는 것이 바로 인생이다. '나는 왜 사람들과 잘 어울리지 못할까?', '저 사람이랑 친해지고 싶은데 좋은 방법이 없을까?' 고민하고 있다면 일단 가볍게 수다로 워밍업을 하라.

"헤어스타일 바꾸니까 더 발랄해 보이는데?", "오늘은 스카프가 포인트?", "그래서 나도 에스프레소 좋아한다니까……." 이렇듯 작은 관심과 공감을 곁들인 수다로 시작해 공통 관심사로 발전시키는 이야기를 나누는 것이 좋다. 사람과 사람이 만나는데 어떻게 차가운 얼음물 같은 계산만 있을 수 있는가. 쫄깃한 수다는 철옹성 같은 상대방의 마음을 무장해제시킬 수 있는 출입허가증이나 다를 바 없다.

섬과 섬 사이를 잇는 고리로, 2인 3각 게임의 끈으로 수다를 적극 활용하라. 수다를 통해 상대의 마음을 파고드는 것처럼 재미있고 현명한 커뮤니케이션은 없다.

《여자의 수다는 비즈니스다》라는 책에서 잡지계의 마에스트로라 불리는 3명의 저자는 여성들의 수다야말로 가장 적극적으로 활용해야 할 전략이라고 말한다. 수다는 소통의 한 테크닉일 뿐만 아니라 잘 흘러가지 않는 협상 테이블에서 숨통을 틔워주고, 생각지도 못한 아이디어를 떠올리게 하며 내가 원하는 것을 얻게 해주는 힘을 가진다. 이 대표 역시 여성들, 특히 엄마들에게 자유롭게 모여서 수다를 떨 수 있는 공간이 필요하다는 것을 깨닫게 되었다. 그리고 아내들이 남편에게 인정을 받기 위해서는 단체에서 하는 활동이나 나눔센터를 통해서 하는 활동이어야 더 떳떳해질 수 있다는 점도 간과하지 않았다. 일산아지매 커뮤니티와 오프라인 교육 센터 '더봄'은 그렇게 해서 탄생했다.

나도 마찬가지이지만, 커뮤니티를 운영하면서 여러 여성들을 만나보면 예전에 자신이 가졌던 능력에 대해 그리워하거나 현재 자신의 처지에 대해 한탄하는 일이 많고 매사에 의욕이 없다고 말하는 등 사회생활을 다시 시작하는 것에 대해 조금씩은 두려움과 걱정을 가지고 있다. 그러나 그들에게서 각자 정말 좋은 재능들을 가졌다는 것을 발견할 수 있다. 조금만 용기를 북돋워주고 자신의 기량을 펼칠 수 있는 자리를 마련해주면 날개 돋친 듯 제 옷을 찾아 입는 사람들이 바로 엄마들이다. 처음에는 망설이다가도 그들이 스스로 모임을 구성하거나 자신이 가진 재능을 다른 사람들과 기꺼이 나눌 줄 안다. 회원 중 어떤 분은 노트북을 가지고 나오는 분들에게 아이 돌잔치 동영상 만드는 방법을 알려준다며 모임을 만들어 스스로 재능 나눔을 하기도 한다.

　여성들이 다시 사회에 진출할 기회가 있을 때, 재능 나눔을 꾸준히 했다는 것을 이력서에 적을 수 있을지는 모르겠지만 적어도 자신감은 계속 유지할 수 있게 해줄 수 있고 또는 잠재되어 있던 새로운 재능을 발견할 수도 있다. 아마도 이런 활동들은 다소 사회와 동떨어진 엄마들의 입장에서 사회와의 고리를 놓지 않는 중요한 요소가 되지 않을까 싶다. 그리고 일산아지매와 더봄센터는 엄마들의 이러한 활동을 지원하고 응원하는 커다란 버팀목이 될 것이라 믿어 의심치 않는다.

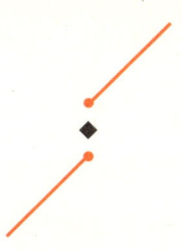

사랑방 손님과
어머니

토닥토닥맘 협동조합 조미화 대표

원주에서 아이를 낳고 기른 엄마
들 혹은 예비 엄마라면 한 번쯤은 들어봤을 온라인 커뮤니티가 바
로 '토닥토닥 원주맘' 카페다. 회원 수 3만 명이 훌쩍 넘는 이 커뮤
니티 역시 2006년에 만들어졌으니 10년이 넘었다. 토닥토닥 원
주맘 운영자이자 2015년 토닥토닥맘 협동조합을 설립한 조미화
대표는 2006년 이 카페가 생겼을 무렵부터 스태프로 활동했다.
어느 날 홀연히 운영자가 자신에게 카페를 맡아달라는 글만 남기
고 사라진 후 지금까지 이 커뮤니티를 지키고 있다. 조 대표가 이
커뮤니티를 맡았을 때만 해도 50명의 회원이었던 것을 보면 정말
엄청난 성장이 아닐 수 없다.

조 대표는 "온라인 카페는 가상공간에서 사람과 사람이 격 없이 만날 수 있는 좋은 공간이다. 어느 날 갑자기 엄마들끼리 직접 만나게 되어도 온라인상에서 남겼던 글들로 인해 어색하지 않게 해주는 순기능이 있다. 아이들이 자라는 이야기, 가족들에게 상처 받은 이야기, 시댁 험담, 남편 뒷담화, 반찬거리 고민 등 별 의미 없는 사소한 이야기들 같지만 우리 엄마들에겐 그것이 가장 중요한 일이고 필요한 일이다. 나 또한 어린 나이에 원주에 시집 와서 3년마다 아이 셋을 낳고도 우울증 하나 없이 버틸 수 있었던 이유가 토닥토닥 원주맘 덕분이었다."고 털어놓았다.

그렇게 토닥토닥 원주맘은 회원들이 서로의 고민을 풀어내고 위안을 받을 수 있는 소통의 창구가 되고, 육아 정보나 할인 정보 등 생활을 공유하는 장이 되어주고 있다. 예를 들어, 할인 정보의 경우 원래는 직접 가게에 붙은 현수막을 보지 않는 이상 집에 있는 주부들은 알 수가 없지만 온라인 카페에 접속하는 순간 얼마든지 집에서도 정보를 얻을 수 있다. 주먹구구식이 아닌 나름대로의 비전과 철학을 가지고 묵묵히 엄마들을 위한 공간을 만들어온 조 대표는 병원, 스튜디오 등 90여 개의 제휴 및 협찬 업체와 오프라인 공간인 '토닥맘 마실'을 따로 마련해 임신육아교실, 각종 소모임, 문화센터 등 다양한 프로그램까지 운영했었다. 집에 있던 엄마들이 커뮤니티를 통해 취미를 갖고, 지역 사회와 더불어 여러 행사에도 참여하길 기대하며 만든 야심작이었다.

여기에 조 대표가 원주맘 카페를 이끌면서 한 가지 꿈꾸는 것은 엄마들이 자신감 있게 사회에 진출할 수 있는 하나의 플랫폼을 만드는 것이다. 그래서 커뮤니티를 활용해 기업적으로 확장하고 성장시키기 위한 협동조합 교육을 받아서 2015년에 '토닥토닥맘 협동조합'이라는 조합을 설립했다. 협동조합을 설립하고 8개월 뒤인 2016년 7월에는 '토닥맘 마실'을 정리하고 '토닥꽃피다'라는 커피숍을 오픈했다. 엄마들이 아이와 자유롭게 드나들기 편하도록 좌식 마루 공간을 두고 그곳에서 수업이 이뤄진다. 또한 우리 밀로 제조하는 협동조합의 술빵으로 샌드위치를 만들어 판매하고, 될 수 있으면 유기농과 지역의 생산물을 활용하여 메뉴를 구성한다. '핫어미'라는 재능기부 프로그램도 이곳에서 진행하는데 정리 수업, 꽃꽂이, 앙금플라워, 캘리그래피 등 다양한 수업이 강사들의 재능기부로 이뤄진다.

협동조합에서는 지역의 여러 단체들과 연계하여 진행하는 활동이 많은데 엄마들이 쉽게 갈 수 없는 곳인 휴게소나 원도심이나 마트 같은 곳에서도 플리마켓을 주최한다. 참가를 하는 엄마들은 날이 갈수록 더 준비를 잘 해오고 스스로 성장하는 모습들을 보여준다. 이들이 자신만의 공방을 열고 네일숍을 열면 굉장히 보람차다며 흐뭇해하는 조미화 대표다. 원주라는 곳은 협동조합의 메카,

한살림의 근원지이기도 해서 토닥토닥맘 협동조합을 긍정적으로 바라보는 곳이 많다. 지역에서도 여러 단체, 기업들이 토닥토닥맘 협동조합과 잘 협업하여 지역을 살리고 상생하기 위해 노력하고 있다. 그러한 일환으로 '생생마켓'이라는 것을 운영하는데 이것은 지역 농산물 판매, 주부들의 참여, 주부들이 친환경 재료로 만든 요리가 결합된 마켓이다. 생생마켓은 지역 친환경 농산물과 요리 그리고 사회적 경제(착한 경제)가 함께하는 원도심 활성화 사업이다. 토닥토닥맘 협동조합은 지역 31개 사회적 경제 단체와 로컬 푸드를 사고파는 시장 활성화를 시도해 이슈가 되었으며 구매하는 엄마들에게 꽝이 없는 당첨권 등을 증정하는 등 찾아가는 재미를 더해 지역 주부들에게도 인기가 높다.

조 대표는 협동조합을 통해서도 엄마들과 지역을 연결해주는 다양한 일을 하고 있다. 엄마들이 편히 쉬고, 자립할 수 있는 사업 영역을 만들어주는 일을 하고, 협찬하는 업체들에게 할인을 요구하거나 서로 경쟁을 유도하지 않고 협업을 해서 지역을 살릴 수 있는 일들을 기획하고 있다. 지역과 마켓 참여 업체를 연결해주는 마켓 대행 사업을 함으로써 지속가능한 사업으로 발전시키려 노력 중이며, 꾸준히 해왔던 미혼모가정 지원도 이어가고 있다. 결국 원주맘은 엄마들끼리만, 우리들끼리만 무엇을 하는 것이 아니라 엄마들을 지역의 단체, 업체들과 연결하여 서로 상생할 수 있도록, 지역 전체가 발전할 수 있도록 많은 일을 하고 있다.

이렇게 카페가 성장하는 동안 조 대표 역시 카페와 함께 성장통을 겪어야 했다. 조 대표에게는 늘 처음 시작했던 그때의 마음처럼 힘들 때 위로받고 좋은 일이 있으면 나누고 싶은 온라인 카페이고 싶었는데 밖에서 보는 시각은 그렇지 않았다. 때론 여기저기서 많은 의심과 질투, 오해를 받는 것에 대해 참고 속으로 감내해야만 했다.

"꼭 2년에 한 번 정도는 꼬박 일주일 동안 울게 되는 것 같다. 한 사람의 의심이 눈덩이처럼 커져서 커뮤니티를 도배하는 것을 보면 정말 영원히 수습되지 않을 것 같은 심정이다. 결국 이런 의심은 돈과 관련되어 있는 경우가 많은데 나 나름대로는 엄마들에게 모든 것이 돌아가도록 하기 위해 애쓰고 있는데도 그런 나의 마음을 몰라줄 때 참 힘들다. 간혹 연예인들이 악성댓글에 왜 자신의 삶을 포기하는지 이해가 되기도 했다. 그래도 지나고 보면 그 고비를 넘길 때마다 나와 우리 커뮤니티가 조금은 더 성장해 있었던 것 같다."고 말했다.

나 역시 이 부분에서 많은 공감을 느꼈다. 애초에 나 혼자 잘살겠다고 시작한 일도 아닌데 왜 나만 이렇게 고통스럽고 손가락질을 받아야 하나 자괴감이 들 때도 있다. 제휴 업체와 밥을 먹어도 의심을 사게 되고, 모처럼 남편에게 아이들을 맡기고 친구들 모임에 나가 술을 한잔 하다가도 우리 커뮤니티에 대해 안 좋은 소리를 듣는 등 말 못할 에피소드도 많다. 그러나 우리 커뮤니티를 지지하고 응원하는 많은 분들 덕분에 또 일어설 힘을 얻는 것 같다. 조미화 대표 역시 마찬가지였다.

"인간 조미화로 살아가기가 조금은 어렵게 되었다. 그러나 가끔 좋은 일 한다며 인사를 건네주시는 분들을 만나면 큰 힘이 되고, 언제나 신뢰해주고 도와주는 지원군 엄마들이 있어 든든하다. 지금처럼만 카페가 잘 운영되고, 우리 원주 지역의 엄마들이 남편과 시댁과 행복하게 지내며 아이들을 잘 키워내길 바랄 뿐."이라 덧붙였다.

누가 해도 어려울 그 자리에서 10년이 넘는 시간 동안 이렇게 큰 성장을 이룬 것을 보면 조미화 대표의 뚝심과 남다른 열정이 고스란히 느껴진다. 지금처럼 원주 지역에서 밝은 웃음과 소탈한 성격으로 어려운 일들을 거뜬히 이겨내며 더욱 흥하길 응원한다.

잘나가는 여자들에겐 커뮤니티가 필요하다

오프라인 장소 활용

커뮤니티를 만들고 나면 온라인으로도 많은 의사소통을 하지만 정기 모임, 친목 모임, 스터디, 세미나 등을 위해 오프라인 장소가 꼭 필요하다. 이럴 때, 많이 이용하는 곳은 커피숍에 분리가 되어 있는 세미나실이나 모임을 위해 여러 회의실을 만들어 놓은 비즈센터, 주민센터나 복지 시설의 세미나실 등이다.

요즘 커피숍에는 모임 공간을 위해 분리가 된 곳들이 꽤 있다. 또한 아예 일반 모임이나 스터디 모임만을 위해 작은 공간을 대여하는 스터디센터, 비즈센터 등이 있다. 경찰서 등 공공기관에서도 주민들을 위해 강당을 빌려주는 곳도 있고, 지자체 출연 청소년수련관, 아트센터 등에서도 장소를 빌려주기도 한다. 무료로 빌려주는 곳도 있고 저렴한 비용으로 빌릴 수 있는 곳도 찾아보면 있다. 비정기적인 모임은 그때그때 상황에 맞게 이런 곳을 활용해도 좋지만, 정기적으로 자주 모임을 갖는다면 수시로 필요할 때마다 편하게 쓸 수 있는 곳이 마련되어야 할 것이다.

사무실을 빌릴 수 있다면 좋겠지만, 모임을 운영하면서 사무실을 임대할 정도의 수익이 나오기는 쉽지 않다. 이럴 때는 주중에는 이용하는 사람이 많지 않은 교회나 돌잔치 전문점도 좋은 장소가 될 수 있다. 이 외에도 아파트 단지 내 시설 중에는 알지 못해서 아무도 활용하지 않는 커뮤니티 시설이 존재하는데(보통 새 아파트의 경우, 커뮤니티 시설은 거의 다 있지만 오래된 아파트의 경우에는 이러한 공간이 없을 수도 있다), 이 시설들을 활용하는 것도 큰 도움이 된다.

내가 운영하고 있는 한아름 커뮤니티도 처음에는 당연히 공간이 없어서 커피숍에서 모임을 진행하거나 경찰서에 마련된 공간을 빌리는 등 이곳저곳을 전전했다. 그러다가 아파트 커뮤니티 시설에 교육문화센터를 운영하면서 첫 공간이 생기게 되었다. 아파트 커뮤니티 시설은 주택법상 일정 면적 또는 세대수 이상이면 무조건 지어야 하기 때문에 지어 놓지만 막상 활용하는 곳은 드물다. 이렇게 비어 있는 공간을 엄마들이 모여 커뮤니티 공간으로 활용하여 다양한 활동을 하면 주변 아파트보다 집값도 더 오른다. 실제로, 2015년 따복공동체 지원 사업에 당선되었던 '한아름 재능기부센터'는 김포한강신도시에 위치한 한 아파트의 커뮤니티 시설을 활용하여 지역에서 활동하는 강사들을 초빙해 주민들에게 다양한 강좌를 들을 수 있는 기회를 제공하고, 아이들에게 양질의 마을교육 서비스를 제공한 사업이었다. 이 아파트는 이 사업 덕분에 바로 옆 아파트보다 집값이 올라갔다고 한다.

이처럼 아파트 단지 내에 어떤 커뮤니티 공간이 활성화되어 있는가에 따라 집값에도 영향을 미칠 정도로 커뮤니티 시설은 그 중요도가 점차 높아지고 있다. 요즘 지어지는 아파트는 아예 모임을 위한 세미나실이나 아카데미 공간을 마련하여 아파트 내에서 각종 문화생활을 즐길 수 있도록 하는 추세이다. 이제는 아파트의 위치나 교통, 브랜드 외에도 주민의 삶의 수준과 질, 입주민들의 요구에 따라 다양한 단지 내 커뮤니티 시설이 마련되고 있다. 더 나아가 아이들의 교육까지 아파트 단지 내에서 해결할 수 있도록 하는 시설이나 돈 주고 가지 않아도 되는 키즈카페, 아이 전용 물놀이터 등 커뮤니티 시설은 점차 진화하고 있다. 하지만 이런 시설이 아무리 훌륭하게 지어져 있다고 하더라도 수업 강좌라든지 공동 육아처럼 활용할 수 있는 콘텐츠가 없다면 훌륭한 시설도 무용지물이다. 특정 주제를 갖고 있다면 같은 아파트에서 사는 엄마들과 함께 커뮤니티 시설에 자신들만의 콘텐츠를 활용하며 공간을 확보해보자. 아파트의 입장에서는 커뮤니티를 활성화시킬 수 있기 때문에 일석이조일 것이다.

예전에는 문화센터가 여유 있는 사람들만 즐길 수 있는 생활이었다면 이제는 누구나 즐길 수 있는 문화생활이 일상 깊숙이 자리 잡아가고 있다. 이러한 시설들을 적극적으로 이용하여 이웃 주민 간의 소통과 친목을 다지고, 사업적으로도 이용할 수 있는 아이디어를 찾는다면 더없이 좋을 것 같다.

Chapter
05

커뮤니티에도
'격'이 숨어 있다

이끌든지, 따르든지, 비키든지

'여자의 적은 여자'라는 말이 있다. 고부간의 갈등이 세대를 거듭해도 계속 반복적으로 나타나는 것이나 "너만 임신하고 출산해봤냐?"며 같은 여자들끼리 더 배려를 해주지 않는 모습을 봐도 그렇다. 직장에서도 여자 상사보다 남자 상사가 대하기 편하고 여자 상사들은 여자 부하직원들을 그다지 반기지 않는다. 서로 마음과 생각이 맞으면 친 형제자매보다 더 가까워지는 게 여자들인데 한 번 마음이 돌아서면 다시 돌리기가 힘든 것도 여자들이다. 맘 카페는 특성상 여성만 가입이 가능하도록 가입 조건을 걸어두는 편이고, 여성들끼리 모여 일을 하다 보니 알게 모르게 시기와 질투도 있다. 여학교를 다녀본 사람이라면 이 상황이 더 이해하기 쉬울 것이다. 맘 카페도 상황은 비슷하다. 본인이 이끌지도 않으면서 따르지도 않고 게다가 비키지도 않는 사람들이 있다. 남이 하는 일에 질투만 많고 익명성을 빌려 계속 딴지만 거는…….

이런 경우가 있었다. 우리가 스태프들과 함께 외부에서 플리마켓을 진행할 때였다. 나는 이런 행사들을 특유의 지역적 사명감(?)으로 많이 유치하려 애쓰는 편이다. 김포에 시끌벅적한 축제나 행사들이 많으면, 많은 사람들이 우리 지역을 찾게 되고, 이 지역에서 놀다가 끼니때가 되면 밥도 사 먹게 되니 지역 경제가 살아나기 때문이다. 플리마켓을 하나 진행하더라도 대여섯 개 천막 친다고 사람들이 몰려오지는 않는다. 그래서 70~80여 개쯤의 많은 참여자들을 모집하여 대규모로 진행되는 이 행사는 좋은 제품을 싸게 살 수 있는 볼거리와 다양한 즐길 거리로 가득해 서울에서 열리는 행사에서 느낄 수 있는 재미를 김포에서도 충분히 느낄 수 있다.

백화점이나 마트에서 파는 물건들은 솔직히 대기업 상품 위주에 획일화된 것들이지만 우리 지역 소상공인들이 다 같이 모여 자신만의 상품을 진열하고 판매하면서 하나의 일시적 마트를 만드는 플리마켓에서는 김포 지역 사람들뿐만 아니라 주변 지역 사람들을 끌어들이는 좋은 행사라고 생각한다. 그런데 이렇게 좋은 취

잘나가는 여자들에겐 커뮤니티가 필요하다

지의 행사에서도 불평과 불만을 나타내는 사람들이 있다. 행사 자체에 대한 불만이라기보다 나와 우리 커뮤니티가 진행하는 일들에 대한 반감을 그렇게 표현하는 것이다. 이를 테면 회사 내에서 내가 소속되지 않은 팀이 잘나가는 것을 지켜보는 불편한 마음과 같달까.

모든 사람이 내 마음과 같지는 않을 테니 당연히 우리가 진행하는 일을 탐탁지 않아 할 수는 있다. 그러나 우리가 진행하는 행사에 대해 민원까지 넣으며 적극적으로 방해하는 사람들이 정말 있다. 내가 답답한 것은 우리가 하는 행사가 마음에 들지 않으면 우리보다 더 좋은 행사를 만들면 되지 않겠느냐는 것이다. 마음에 들지 않는다고 해서 우리의 행사를 방해할 필요는 없지 않은가. 어느 쪽이든 의견이 합치하는 사람들끼리 모여서 커뮤니티를 만들고 그걸 활성화시켜서 경쟁력도 쌓고, 협동조합도 만들어서 보란듯이 우리보다 더 대단한 성과들을 올리면 될 것이다. 우린 여기서 이런 걸 하고, 그 사람들은 저기서 또 다른 일들을 하면 되는 것이다. 서로 응원하지는 못할망정 나서서 이끌지도 않고, 그렇다고 따르지도 않으면서 비키지도 않으니 참 골칫거리가 아닐 수 없다.

각자 자기가 할 수 있는 것들을 하면 될 텐데 같은 여자로서도 이해하기 어려울 때가 있다. 이 문제에 대해서는 이 책에서뿐만 아니라 우리 카페를 통해서도 수없이 말해왔다. 이런 사람들이 부정적인 마음을 품으면 품을수록 자신이 사는 동네에 이로울 것은 하나도 없다. 김포 내에서 소비가 위축되면 다들 주변 지역으로 주거지며 상권이 흩어지기 때문이다. 우리가 사는 동네, 우리가 지켜야지 누가 대신 지켜준단 말인가.

유능한 여성이 자신의 똑똑한 머리를 겨우 상대 여성을 괴롭히는 일에 쓰거나 반대로 자신을 지키지 못해 꿈을 펼치기도 전에 무대 뒤로 사라지는 일이 일어나서는 안 된다. 여성 관계의 발전은 싸우지 않는 것이 아니라 제대로 싸우는 법을 발견하는 것이며 더불어 제3자의 정확한 중재 능력을 필요로 한다. 따라서 여성적 특징은 여성 전체를 일반화하는 것이 아니라 여성들의 관계 메커니즘에 나타나는 다양한 심리와 현상을 이해함으로써 보다 발전적인 관계를 찾도록 하는 데 있다.

여자의 적은 여자냐 아니냐를 문제 삼는 것 자체가 성차별이라고 지적하는 주장에도 불구하고 이 문제를 도마 위에 올리는 이유는 앞으로 세상을 이끌어 갈 여성들이 한 번쯤은 짚고 넘어가야 할 주제이기 때문이다. 사적인 영역에서 비공식적으로 이뤄지는 모든 갈등과 대처는 결코 생산적이지 않을 뿐더러 두 여자가 서로에게 훌륭한 파트너가 되는 길을 방해하기 때문이다.

20년 동안 한국 기업과 관공서에서 리더십과 소통, 고객만족에 대한 강의와 컨설팅을 진행한 이력이 있고, 수년간 삼성그룹 여성리더십 강의를 이어온 안미헌 저자는《여자를 잘 다루는 여자가 성공한다》는 책에서 여성들의 관계에 대한 그 불편한 진실을 털어놓고 갈등만 할 것이 아니라 지혜롭게 해결하여 여성들끼리 뭉쳐야 함을 강조했다. 나 또한 여자들과의 관계에서 느끼는 답답함을 이 책에 토로하는 이유가 그것이다. 여자들의 특성상 자신의 불만을 표면에 꺼내놓고 이야기하는 경우가 거의 없다. 뒤에서 몰래 민원을 넣거나 신고를 한다든지, 앞에서는 칭찬하고 뒤로 가서는 욕을 한다. 사람마다 생각과 사고가 다르기 때문에 내가 하는 모든 일들이 모든 사람의 마음에 들 수 없다는 것을 나는 잘 알고 있다. 그러나 이런 식의 훼방은 같은 지역에 사는 사람으로서 받아들이기 힘들 때가 종종 있다.

어떤 조직이든지 자신이 그 안에 소속되어 있는 구성원이라면 어떠한 태도를 취해야 하는가를 명확히 해야 한다. 조직에서 원하는 대로, 운영하는 대로 적극적으로 따르든지, 아니면 자신이 새로운 조직을 만들어서 기존의 조직보다 더 효율적이고 즐겁게 운영을 하든지, 그것도 아니라면 조용히 그 조직에서 사라지든지. 이것도 저것도 아니면서 남 하는 일에 불평, 불만만 드러내는 것은 따르는 사람도 없을 뿐더러 보기에도 썩 좋지 않다. 커뮤니티에 참여한다는 것은 반드시 동조하는 것에만 있지는 않다. 개선사항이나 필요한 사항이 있다면 적극적으로 자신의 생각을 어필하면 된다. 그 생각이 운영진의 판단에도 부합하다면 요청대로 무언가를 진행할 수도 있는 것이다. 같은 지역에 사는 엄마들끼리 불필요한 에너지를 소비하고 감정을 너덜너덜하게 만들 필요가 뭐 있겠는가.

불만은 그냥 내뱉으면 불만이지만, 불만을 개선하면 새로운 아이디어로 바뀐다. 자신에게 더 좋은 생각이 있음에도 불구하고 '나는 귀찮으니까 하기 싫은데 너네가 하는 거는 너무 허접해'라고 아무리 불평해봐야 아무것도 바뀌지 않는다.

여자들이 만드는
지역 커뮤니티의 힘

내가 이 책을 쓰겠다고 마음을 먹은 것, 그리고 이 책을 처음부터 끝까지 적어나가게 된 것에는 한 아름 카페를 운영하면서 그동안 내 안에 쌓인 분노의 힘이 큰 영향을 미쳤다. 사실 커뮤니티를 운영하고 관리하는 사람은 소수인데 반해 그 커뮤니티의 혜택을 누리는 사람들은 다수이다. 나는 커뮤니티를 운영하면서 단 한 번도 나만을 위한 일을 벌여본 적이 없다. 애초에 내가 이 카페를 운영하게 되었을 때도 나 혼자만의 이익이라는 건 있을 수 없다는 생각을 밑바탕에 깔고 있었다. 내가 사는 이 김포가 아이들에게 교육적으로 행복한 도시가 되기를 바랐고, 이 지역에 많은 축제가 열려서 항상 시끌벅적하고 외부의 사람들이 끊이지 않는 도시가 되기를, 그리고 그렇게 되는 데에 우리 커뮤니티가 일조할 수 있기를 늘 바라왔다. 그런데 나의 마음과 달리 외부에서 우리 커뮤니티를 바라보는 시선은 너무나 싸늘했다. '돈 버는 사업 같은 거 골치 아프게 벌이지 말고, 아줌마들끼리 모여서 예쁘게 봉사나 해', '맨날 아줌마들끼리 모여서 수다 떠는 게 무슨 단체야. 그냥 아줌마들 모여 있는 인터넷 카페지.'

커뮤니티를 운영하는 사람이나 그 커뮤니티에 회원으로 있는 사람들이나 서로 다들 혜택을 받고 있는데 외부적으로는 이런 커뮤니티들이 무시를 당하는 것 같아서 속상할 때가 많다. 이것 역시도 여자들이 가정에서 살림을 하는 것과 같은 대우를 받고 있는 것 같달까. 엄마들이 커뮤니티에서 활동하는 목적이 단순히 스트레스를 풀기 위함이든 아니면 자신이 보험 판매 사원이라 많은 가입자들을 유치하기 위해 영업적으로 사람들과의 친분을 쌓기 위함이든 그 안에서 자신이 얻고자 하는 것들을 얻을 수 있으면 된다고 생각한다. 그리고 그런 커뮤니티가 사업적으로 발전하는 것이 정말 지원해줄 만한 것이고 박수쳐줄 만한 것이라는 사회적인 인식과 가정에서도 엄마들의 활동을 적극적으로 지원하고 응원해주는 분위기가 형성되었으면 좋겠다는 바람이 있다. 앞서 시사고발 프로그램에 맘 카페의 부정적 측면에 관해 방송을 한 적이 있다고 했지만, 극히 일부 커뮤니티에서의 이야기이지 모든 커뮤니티가 그럴 것이라 단정해서도, 몰아가서도 안 된다.

그리고 어떤 사업적인 것을 구상하여 타 단체와 이야기를 진행할 때 '여자라서, 아줌마라서'라는 시선을 고스란히 받으면서도 우리 지역에 이득이 되니까, 우리 지역 엄마들에게 도움이 될 사업이니까 그러한 시선을 참고 감내해야 했던 적이 수없이 많다. 누구한테 내놓지도 못하고 혼자 끙끙 앓으면서도 지금에 와서 내가 이 책을 통해 이야기하고자 하는 바는 딱 한 가지다. '왜 열심히 하겠다는 여자들을 이해해주지 못하고 무조건 잘못된 판단과 시각으로 바라보는가?' 이 물음이 내가 이 책을 쓰게 한 원동력이다. 그리고 나는 그 시선을 바로잡고 싶었다.

지역 맘 커뮤니티는 아줌마들끼리 모여서 수다만 떨고, 서로 미워하고, 헐뜯는 곳이 아니다. 앞서 말했듯이 우리 아이들을 비롯해 지역 전체에 피해가 되는 불법유해업소나 보호관찰소 등을 밀어내고, 지역과 협업하여 주거지 개선과 상권의 활성화를 도모하며 아이들이 행복하고 주민들이 살기 좋은 도시로 만들어가는 일을 한다. 여자라서 더 섬세하고, 엄마라서 지역에 필요한 것들이 무엇인지 잘 안다.

지금 사는 동네에 적응하며 살다 보니 친해진 이웃 엄마들은 물론이고 이웃 할머니들까지 있습니다. 그중엔 전적으로 집에서 아이만 돌보는 전업맘도 있고 아이를 기관에 맡기고 남편과 맞벌이를 하는 직장맘도 있죠. 각자 육아와 일, 가사에 바쁘지만 이따금 시간이 맞으면 아이들과 함께 모여 식사도 하고 수다를 떨기도 해요. 서로 먹을 것을 나누거나 아이들 옷을 물려주기도 합니다. 아직은 말뿐이지만 "급하면 우리 집에 아이들을 맡겨도 된다"는 고맙고 정다운 이야기도 오간답니다. 그런 커뮤니티를 갖는다는 것 자체가 엄마들에겐 큰 힘이고 용기가 됩니다. 심리적으로든 물리적으로든요.

지역 공동체가 사라진 오늘날, 일을 하든 하지 않든 엄마라는 이름을 갖고 있다면 무조건 연대하고 서로 도와야 한다고 생각합니다. 둘 사이를 가르는 건 일과 가정 중에서 하나를 선택하게 하는 야만적인 이 사회인데, 살다 보면 그 사실을 간과하고 당장 눈앞에 닥친 일만 생각하면서 경쟁적이고 이기적으로 바뀌는 것 같아요. 우리 사회에서 아이를 키운다는 게 뒤처지면 끝인 일이니까요. 하지만 엄마들끼리 서로 견원시한다고 해서 좋을 게 뭐가 있겠어요. 엄마들 간의 갈등은 결국 이 가부장적인 사회를 더욱 공고하게 만드는 데 쓰이는 삐딱한 에너지일 뿐이라고 생각합니다.

10년 동안 저널리스트로 살다가 두 아이를 키우게 되면서 전업맘으로 살게 된 이고은 저자가 자신의 책《요즘 엄마들》을 출간하며 한 인터넷 서점과 인터뷰한 내용 중에 일부이다.

옆집에 누가 사는지도 모를 만큼 이웃과의 소통이 각박해진 요즘 같은 시대에 지역 커뮤니티는 동네 사랑방 역할까지 톡톡히 하고 있다. 지역적으로는 엄마들의 결속력을 이끌고, 엄마들의 자아실현을 위해 함께 무언가를 이뤄가는 즐거움을 찾고 있다. 혼자 있으면 그냥 동네 아줌마일지 몰라도 엄마들이 모이면 엄마 자신에게도, 가정에도, 지역 사회에도 힘이 된다. 그 힘을 악용하지 않고 지역의 선한 영향력으로 쓴다면 마땅히 지원받을 만하다고 생각한다. 맘 커뮤니티의 영향력은 상권을 비롯하여 지역 환경, 아이들의 교육 현안, 정치 등 점점 폭넓게 확대되고 있다. 이는 분명히 지역 내 구석구석을 살뜰하게 보살피고 싶은 엄마들의 관심과 힘이 지역의 발전에도 좋은 영향을 끼치기 때문이다.

동네 엄마들이 모이면 으레 갖게 되는 주변의 편견들이 있다. 그러나 불편한 편견의 시선을 견디며 엄마들이 이루고 싶고 바라는 것은 그리 큰 것이 아니다. 그 어느 때보다 '행복'이라는 키워드가 여기저기서 수시로 거론되고 있는 만큼 엄마와 아이들이 행복하고 즐겁게 사는 것이 가장 큰 바람이다. 그리고 대한민국에서 아이를 키우는 엄마로 사는 일이 여성들에게 즐겁고 행복한 경험으로 남기를 나 또한 바라는 바이다. 지역의 커뮤니티는 나를 비롯해서 우리가 함께 행복하게 사는 데 그 운영 초점을 두고 있는 곳이 많다. 회원의 자녀가 불치병에 걸렸을 때도 모두 똑같은 엄마의 마음으로 기부를 하며 돕고, 마을 바자회를 열어 거기서 나온 수익금으로 지역 내 저소득계층이나 미혼모 등에 지원한다. 또 우리 카페에서 하는 일 중에 하나는 부모의 사정으로 인해 베이비 박스에 놓이는 아이들을 위한 기부 활동도 있다. 국가적으로 큰일이 벌어졌을 때도 누구보다 마음 아파하며 조금이라도 돕고자 하는 힘을 보태는 것이 엄마들이다. '세월호 사건' 때가 그랬고, 광화문에서 열린 촛불집회 때도 그랬다.

우리가 점점 개인주의적인 각박한 사회가 되어 간다고 말하지만 지역 커뮤니티와 엄마들이 있는 한 '공유'의 가치를 실현하고 '함께' 잘사는 지역 문화는 점점 공고해져 갈 것이라 기대해 본다.

사람들에게
나의 비전을 공유하라

"입에 재갈을 물리고 싶을 정도로 끊임없이 비전에 대해 이야기해야 한다. 언젠가는 하루 내내 너무도 많이 이야기해서 나 자신조차 지겨웠던 적이 있다. 그러나 모두가 비전을 완벽히 공유할 때까지는 끝없이 반복해서 이야기해야 한다."

— 잭 웰치

내가 이런저런 사업들을 벌여나가는 것에 대해 사람들은 종종 나에게 묻곤 한다.

"어떻게 이런 일들을 다 생각하고 실천하세요? 정말 추진력이 대단하시네요!"

이 모든 일들은 아마 나 혼자였다면 절대 이룰 수 없었을 것이다. 나는 많은 엄마들과 비전을 공유했을 뿐이고, 비전을 말하고 모여서 이야기하면 그 비전을 이룰 수 있는 아이디어가 생겼으며 나보다 더 그것들을 잘 실행해줄 사람들이 나타났다.

나에게는 평생의 내 편이 될 사람들을 끌어들이는 비전의 조건이 있다. 그 비전은 열정적이고 진실해야 하며 나만을 위한 것이 아니어야 한다. 예를 들어서 설명해보면 이렇다. 보험 설계사 A와 B 두 사람이 있다. 보험 설계사 A는 다른 사람들에게 보험을 많이 들게 해서 자신의 수익을 올려 벤츠를 사는 게 꿈이다. 자신의 벤츠를 사기 위해서라면 꼭 보험이 아니라 다른 것을 판매해도 상관이 없는 사람이다. 반면, 설계사 B는 자신이 어렸을 때 아버지가 큰 사고를 당해 보험의 필요성을 너무나 잘 알고 있는 사람이다. B는 많은 사람들이 본인처럼 어려운 일을 겪지 않도록 대비해야 함을 알리려 노력하며, 보험으로 번 돈 중에서 일부를 돈이 없어서 학업을 이어갈 수 없는 학생들을 위해 기부하고 있다. 만약 당신이 보험을 들기 위해 이 두 설계사 중에서 한 명을 만나야 한다면 두 사람 중 누구에게 보험 계약을 하고 싶은가? 당연히 B 설계사일 것이다. B 설계사에게 보험을 든다는 것은 단순히 보험을 든다는 의미를 넘어서 그 사람과의 비전을 함께한다는 의미가 된다. 나의 보험 계약은 단지 보험 회사를 배불리는 일이 아니라

잘나가는 여자들에겐 커뮤니티가 필요하다

혹시 모를 큰 위험에 대비하는 작은 투자가 되고, 당장에 먹고살기가 힘든 어려운 이웃들을 돕는 작은 기부가 된다. 비전이란 그런 역할을 하는 것이다.

리더의 자리도 마찬가지다. 내가 생각하는 리더는 조직원을 마음대로 부릴 수 있는 사람이 아니라 리더가 가고자 하는 방향으로 조직원이 스스로 움직일 수 있게 끊임없이 비전을 상기시켜주는 사람이다. 하나의 조직 안에서 무언가를 시도해보고 도전해보고 여러 번 흔들리는 것은 괜찮다. 그러나 **리더가 명확한 비전을 제시할 수 있으면 그 흔들림 속에서도 방향은 늘 한결같다. 선장이 저 바다 건너에 보물이 숨겨진 섬이 있다는 확실한 믿음을 준다면 누가 배를 만드는 데에 게으름을 피울 수 있겠는가.**

내가 지역 아이들을 위한 마을학교를 만들었을 때도 처음에는 스터디로 시작했지만 김포가 교육적으로 좋은 도시가 되었으면 좋겠다는 비전을 여러 차례 이야기하니 모인 사람들이 하나같이 나도 그랬으면 좋겠다며 동의해주고, 자신은 이런 것을 할 수 있고 또 다른 사람은 이런 것을 할 수 있다며 발 벗고 나서주었다. 그 비전을 나 혼자만 가슴속에 묻어 두었다면 절대로 마을학교는 현실화되지 않았을 것이다. 사실 누군가 비전을 이야기했을 때 선뜻 절대적 지지자가 되어주는 사람들도 큰 용기가 필요하다. 마을학교의 경우, 지금의 마을학교를 만들기까지 틀을 만들고 실제로 원활하게 운영될 수 있도록 해주신 팀장님들이 없었다면 그냥 꿈에 지나지 않았을 것이다. 내 비전에 공감해주고 열정을 보여주신 팀장님들은 내가 뒷받침하는 역할만 해도 일이 이루어지는 걸 가능하게 만들어주었고, 우리 커뮤니티에도 굉장히 많은 힘을 실어주고 계신다. 또 팀장님을 지지하는 팀원들은 팀장님이 열정을 다해서 일할 수 있는 계기를 만들어주고 있고, 마을학교 프로그램에 참여한 분들이 게시물에 '마을학교 너무 좋은 시간이었어요', '우리 지역에 이런 마을학교가 있어서 얼마나 유익한지 몰라요'라고 적은 댓글들 또한 마을학교 팀에게 큰 힘이 되고 있다.

마을학교뿐만 아니라 내가 처음에 한아름 카페를 운영하게 되었을 때도 마찬가지다. '어떻게 하면 엄마들이 모인 이 공간을 다른 맘 카페와 다르게 조금 더 의미 있는 커뮤니티로 만들 수 있을까?'를 고민했다. 그리고 거기에 대한 내 나름대로의 답과 함께 한아름의 비전을 세웠고 회원들과 공유했다. 당시에 내가 제시했던 비전에 공감해주신 분들이 우리 커뮤니티의 운영진이 되었고, 주식회사와 협동조합의 일원이 되어 지금까지도 함께 일하고 있다. 리더의 역할이 아무것도 없는데 리더를 믿고 따를 이가 있기를 기대하는 것은 어리석다. 나를 믿고 따라와 주기를 바란다면 꿈, 즉 비전에 대한 공유가 먼저다. 또한 굳이 내가 리더를 자처하지 않

잘나가는 여자들에겐 커뮤니티가 필요하다

더라도 꿈을 드러내는 것은 중요하다. 마음속에 있다고만 해서 꿈이 이루어지는 건 아니다. 그 꿈을 밖으로 내놓고 그 꿈과 함께할 사람들이 생김으로써 실현 가능성이 훨씬 높아지기 때문이다.

혼자서 할 수 있는 것은 생각보다 그리 많지 않다. 지금까지 우리 한아름 카페나 다른 지역에 있는 맘 카페가 걸어온 길을 되돌아봐도 그렇다. 이제는 더더욱 혼자 할 수 있는 일이 없어졌고, 다함께 의논하고 결정하며 모여야 무언가를 할 수 있게 되었다. 꿈을 드러내는 걸 부끄러워하지 말자. 그건 부끄러울 일도 숨길 일도 아니다. 꿈이라는 것은 많은 이들과 함께 나눌 때 비로소 더 큰 가치를 발견하고 의미를 찾게 된다.

세 명의 석공이 각자 망치와 끌로 자신에게 맡겨진 거대한 돌덩이를 깎았다. 지나가던 행인이 세 석공을 보고, 첫 번째 석공에게 다가가 물었다. "지금 뭘 하고 있소?" 그러자 첫 번째 석공이 퉁명스러운 어조로 대답했다. "내가 뭘 하는지 보고도 모르시오? 돌을 깎고 있지 않소." 행인은 두 번째 석공에게 다가가 똑같은 질문을 했다. "지금 뭘 하고 있소?" 그러자 두 번째 석공은 고개를 들고 빙긋이 웃으며 대답했다. "내 아이들을 먹이고 가족이 필요로 하는 것을 마련해주기 위해 일을 하고 있습니다." 마지막으로 행인은 세 번째 석공에게 다가갔다. 그가 질문하자, 석공은 망치와 끌을 내려놓고 자신이 작업하던 거대한 돌덩이를 한 번 바라본 뒤 자랑스럽게 말했다. "나는 성당을 건축하고 있습니다. 내가 깎고 있는 이 돌은 웅장한 성당 일부가 될 거예요. 그것은 내가 이 세상을 떠나고 훨씬 뒤까지도 남아 있을, 신에게 바치는 헌정물이지요."

이야기 속의 세 석공은 똑같은 일을 했지만, 그 일에 대해 각각 다른 시각을 갖고 있었다. 첫 번째 석공은 별다른 동기 없이 일에 집중하느라 지루하고 피곤하고 의기소침해져 있었다. 두 번째 석공은 자기가 하는 일이 가져다주는 이점을 알고 있어서 한결 만족스러워 보인다. 셋째 석공은 자기의 작은 일이 후일의 큰 비전으로 완성될 것임을 이해하고 있었다. 이런 관점 덕분에 다른 두 석공이 갖지 못하는 동기를 가질 수 있었고, 확고한 태도로 헌신할 수 있었다. '비전'이라는 것의 역할은 이렇듯 작은 일을 큰일로 만드는 데 필요한 신념 혹은 미래상이라 할 수 있다.

'경험'이 쌓여야
'경력'이 된다

한아름 카페에는 '앨리의 책놀이'라는 머리말을 달고 수년째 연재되고 있는 매거진이 있다. 아이에게 책을 읽어주는데 그냥 텍스트만 읽어주는 것이 아니라 책을 읽으면서 체험과 독후활동을 곁들이는 말 그대로 '책놀이'다. 이 글은 우리 커뮤니티에서 모르는 사람이 없을 정도로 유명하다. '책놀이' 하면 '앨리'를 바로 떠올릴 수 있을 정도이다. 예를 들어, 오늘 아이와 함께 감자와 고구마에 대한 책을 본다면 미리 감자와 고구마를 구입해 준비하고 아이와 책을 보면서 책 속에 나온 감자, 고구마와 실제의 것을 비교해본다. 그리고 검은 비닐 봉투에 각자 감자와 고구마를 넣고 촉감만으로 무엇이 감자이고 고구마인지 맞히는 놀이를 하는 것이다. 만약에 피자와 관련된 동화책을 봤다면 글을 모두 읽고 나서 스케치북에 알록달록 토핑한 피자를 그려보게 한다. 그리고 사람을 몇 사람 더 그려서 그린 피자를 오려 몇 개씩 먹을 수 있는지 나눠보게 하는 수 놀이 활동으로 연계할 수도 있다.

이처럼 아이에게 책에 대한 흥미를 돋우고 책과 실제 활동을 통해 더 깊이 책을 이해하게 하는 책놀이는 엄마들에게 많은 도움이 되고 있다. 이분의 글은 몇 백 개나 되어서 충분히 책으로도 엮을 수 있을 정도이다. 앨리님은 아이를 낳고 다시 시험을 치러서 현재 초등교사로 일하고 있고, 지금도 우리 마을학교에서 재능 기부로 강의 활동을 하고 있다. 재능이 아까워 그동안 쓴 게시물을 가지고 출판하는 것은 어떠냐고 물은 적이 있는데 "제가 어떻게 감히 책을 내요? 저보다 더 잘하시는 분들이 얼마나 많은데요. 저는 그냥 애들 책 읽어주면서 몇 가지 놀아주는 게 전부예요."라고 말씀하는 것이 아닌가. 대단한 사람들만 책을 내는 게 아니다. 반드시 무언가에 정통해야만 한다는 고정관념이 엄마들의 성장을 막는다. 엄마도 육아에 있어서는 전문가다. 앨리님의 경우는 아이들 책놀이 해주는 것에 있어서만큼은 이미 전문가라고 생각한다.

내 이름 석 자만 놓고 조금씩 내 지도를 완성해보자. 그리고 그 안에서

잘나가는 여자들에겐 커뮤니티가 필요하다

내가 정말 중요하게 생각하는 가치에 색깔이 있는 펜으로 표시를 해보자. 그 가치들이 연결되면서 새로운 가치를 만들고 그게 당신 삶의 지표가 되어줄 수 있을 것이다. 주변 사람에게 묻는 것은 더 이상 필요하지 않다. 만약 우리가 여행지를 결정하거나 교통편, 맛집을 결정하는 거라면 다른 사람에게 물어도 상관없다. 하지만 우리 삶은 다르다. 정확한 목표 지점은 오직 나만 알고 있고, 그 지점을 가기 위한 출발 지점 역시 나로부터 시작한다. 때문에 다양한 내 모습을 종합적으로 모으고 판단할 수 있는 것은 오직 나뿐이라는 사실을 잊어서는 안 된다.

'경력이 단절된 그녀들의 책'이라는 부제가 붙은 《AROUND 40》이라는 책에서 경력이 단절된 여성이 자기 자신에 대해 알아가기 위해 필요한 것이 무엇인지를 서술한 부분이다. 무언가 하고 싶고 도전하고 싶은데 스스로에 대해 아무것도 아는 것이 없을 때 활용해보면 좋은 팁이다.

엄마가 되어 다시 직업에 대해 고민할 때 가장 큰 조건이 '시간적으로 자유로우면서 경제적으로도 도움이 되는 일'이다. 그래서 요즘 엄마들이 가장 선망하는 직업 중에 하나가 바로 '강사'다. 자신의 이야기를 전하며 많은 사람들에게 동기부여해주거나 희망을 주는 것을 꿈꾼다. 또한 아이들을 가르치거나 자신이 알고 있는 정보를 강의를 통해 다른 사람들과 나누기를 원한다. 그래서 우리 마을학교에는 그런 꿈을 꾸는 엄마들을 위해 보조교사 제도를 만들었다. 처음에는 자격증 스터디로 시작하고, 경력을 쌓기 위해 강사를 도와주는 보조교사로 활동한다. 강사를 가장 가까이에서 볼 수 있으니 강사로서의 자질을 키우는 데도 이만한 교육 시스템이 없다. 그리고 차츰 기회가 생기면 강사로 설 수 있는 자리를 만들어주고 우리 커뮤니티 내 활동뿐만 아니라 사회적으로 두루두루 활동할 수 있는 경력을 쌓을 수 있도록 디딤돌 역할을 한다.

'경력(career)'이란 일생에 걸쳐 지속되는 일과 관련된 개인의 경험이다. 좀 더 시장에 가까운 개념으로 풀자면, 종사하고 있는 '분야(field)'와 '직업(occupation)'의 누적된 경험이 곧 경력이다. 경력은 얼마든지 선택할 수 있다. 자신의 소질과 적성을 근거로 직업을 결정할 수도 있고, 평소 흥미 있는 분야를 꾸준히 파고드는 것도 얼마든지 경력이 될 수 있다. 그런 의미에서 변화가 많고 불확실한 시대에서의 '경력 관리'는 개인이 자신의 경력 목표를 수립하고 실행하며 점검하는 과정이다. 어떻게 하면 좀 더 성공한 경력을 가질 수 있을지를 추구하면서 환경 변화를 주시하고, 그 안에서 새로운 것들을 배워나가면서 그로 인한 기회를 따라가기보다 스스로 만들어가고 있는 것이다.

《프로페셔널의 숨겨진 2%》라는 책에서 저자는 이 시대가 원하는 인재상이 이제는 스페셜리스트도, 제너럴리스트도 아닌 프로페셔널이라고 말한다. 그러나 그 프로페셔널은 우리가 흔히 생각하는 지식 근로자가 아니라 특성 시장이나 분야에 전문성을 갖추고 나름대로 자신의 경력을 디자인하며 살아갈 줄 아는 사람을 일컫는다.

커뮤니티에서의 활동이 경력이 된다는 말을 하면 조금 의아하게 생각하는 엄마들도 있다. 그러나 블로그 운영자, 커뮤니티 운영자, 커뮤니티에서 한 가지 주제로 꾸준히 활동하는 것 모두 요즘 시대에는 전문가로 불리며 책과 강연으로 많은 인기를 얻고 있다. 독서 리뷰를 몇 년 동안 지속적으로 블로그에 올리다가 독서법에 대한 책을 쓰면서 베스트셀러 작가가 된 사람을 보면 독서도 경력이 된다는 것을 알 수 있다.

엄마들도 집에서 정말 많은 일들을 하고 있지 않는가. 요리, 수납 정리, 육아, 집 꾸미기 등 집안일에도 세세하게 나누면 여러 분야가 존재한다. 요리 안에서만 해도 밑반찬, 김치, 베이킹, 국·찌개 등 다양하지 않은가. 그것들 중에 하나만 열심히 해서 그걸 커뮤니티에 정기적으로 올리면 그게 바로 경력이다. 어렵게 접근할 필요가 없다. 정리수납 전문가라는 직업이 생기게 될 줄 몇 년 전까지만 해도 어떻게 상상할 수 있었겠는가. 그러나 지금은 가능하다는 것이다.

　나는 엄마들이 이런 재능들을 이끌어내서 커뮤니티에 자꾸만 들락거리고 글을 쓰고 자신의 능력을 보여주길 바란다. 그리고 그런 분들이 보이면 나는 기꺼이 게시판을 오픈해드리고 계속 활동할 수 있도록 돕는다. 회원 중에 손재주 좋은 분들이 무언가를 만들면 나와 우리 스태프들은 시청에도 가고 동네 음식점이나 카페 등 홍보할 수 있는 곳이라면 어디든 가지고 간다. 완성한 제품들을 사진 찍어 커뮤니티 게시판에도 올리고 그걸 키트로 만들어서 판매도 한다. 이런 사업에 대해 모르는 사람이 오면 또 적극적으로 어필하기도 하고……. 그러니 '내가 가진 건 보잘것없는 능력이야'라는 생각에서 조금은 홀가분해져도 괜찮다. 이왕에 한 번 사는 인생, 무엇을 그렇게 눈치 본단 말인가.

　엄마들이여, 하고 싶은 것이 있다면 마음껏 펼쳐 보라!

잘나가는 여자들에겐 커뮤니티가 필요하다

당당하게
자신의 장점을 부각시켜라

미국의 갤럽 여론조사 기관에 따르면, 전 세계 직장인 중에서 약 20%만이 자신이 만족하는 일을 한다고 생각하며 남들보다 자신의 타고난 소질을 발휘하는 일을 하는 사람들이 대부분 성공했다고 한다. 즉, 사람들이 가장 크게 성공할 수 있는 것은 바로 자신의 재능을 마음껏 발휘할 수 있는 분야라야 가능하다는 것이다.

나의 경우를 생각해봐도 정말 그런 것 같다. 교육대학에 입학해 겨우 졸업했지만 나는 교사가 되지 않고 사업가가 되었다. 그러나 지금 생각해보면 내가 교육을 전공했기 때문에 우리 지역의 아이들을 위해 마을학교를 만들고 엄마들의 자아실현을 돕고 있는 것이 아닌가 싶다.

사람에게는 누구나 각자가 가진 장점이 있다. 호감형의 외모
에 사람을 친근하게 대할 줄 아는 것도 커다란 장점이고, 어학 부
분에 뛰어난 감각이 있는 것도 정말 좋은 장점이다. 사람들 앞에
서 떨지 않고 자연스럽게 자신의 생각을 말할 줄 아는 것도 능력
이며 재능이 있는 사람들을 발굴하여 그의 꿈을 펼치게 도와주는
것도 장점이다. 그런데 이러한 장점들은 발견하는 것도 중요하지
만 사람들 앞에 드러내는 것은 더 중요하다. 나의 장점을 다른 사
람들에게 충분히 어필할 수 있어야 나의 장점이 필요한 곳에 쓰일
수 있기 때문이다. 그래서 장점은 드러내야 더 빛나는 법이다.

어느 해에 장원 급제자가 황제를 받들고자 궁에 들어와 황제를 알현했
다. 하지만 그의 용모가 워낙 못생긴데다가 곱사등이인지라 황제는 속
으로 '이런 사람이 어찌 과거에 급제했단 말인가' 하며 적잖이 실망했
다. 여러 대신들까지 몸이 불편한 장원을 얕잡아보며 비웃었고 그의 외
모를 혐오하는 사람도 부지기수였다. 그럼에도 불구하고 장원은 뛰어
난 재능과 학문 덕에 과거시험에 당당히 합격한 자신이 무척 자랑스러
웠다.

어느 날, 속국(屬國)의 사신이 황제를 뵈러 왔는데 이미 다른 속국들과
연합하여 더 이상의 조공을 거부하고 분쟁을 일으키기 위해 온 것이었

잘나가는 여자들에게 커뮤니티가 필요하다

다. 사신은 트집을 잡기 위해 모국어로 적힌 서신을 내밀었는데 어느 누구도 그 서신을 읽을 수 있는 자가 없었다. 그때 장원이 조용히 일어서더니 자신이 속국의 말을 읽을 수 있다고 아뢰었다. 그의 말에 황제뿐만 아니라 모든 대신들이 의아해했다. 그런데 놀랍게도 장원은 모든 이가 지켜보는 가운데 서신을 번역해냈을 뿐만 아니라 양국의 관계 회복을 꾀하고 속국 사신을 두려움에 떨게 하기까지 했다. 그때부터 장원은 황제의 깊은 신임을 얻을 수 있었다.

사람의 잠재된 능력은 드러나지 않으면 그로써 묻히지만 일단 겉으로 드러나면 사람들이 인정해주고 그로 인해 자신감을 얻게 된다. 앞서 내가 비전을 공유하라고 말한 것과 비슷한 맥락이다. 자신의 장점을 꽁꽁 숨기면 아무도 그것을 알아주지 않는다. 최대한 많은 사람들에게 떠벌리고 보여줘야 그 장점들을 활용할 수 있는 일이 생긴다.

우리는 예부터 잘나도 겸손해야 한다는 가르침을 많이 받으면서 자랐다. 그러나 자신이 잘하는 분야에 대해서만큼은 자랑하고 드러내고 활용할 줄 알아야 한다. 요즘 세상은 모두가 고만고만하게 다들 잘하기 때문에 더욱 그렇다. 잘하고 싶은 욕심과 기대만 있는 단점에 목매지 말고 자신이 잘하는 무언가를 발견했다면 그걸 보석으로 만드는 일을 해야 한다. 누구나 자신이 가진 재능과 능력을 펼치며 더 행복하게 살 수 있음에도 불구하고 그걸 발견하지 못해 진정으로 누리지 못하고 살아간다. 나는 나처럼 많은 엄마들이 자신의 일을 벌이길 바란다. 자신 안에 숨겨진 보석은 누가 꺼내주지 않는다. 스스로 찾아야 한다. 그것을 찾는 데까지 시간이 좀 걸리지만 그 보석은 늘 나와 함께 한다는 것을 잊지 말자.

나는 엄마들에게 "지금 시작하는 일은 무엇보다 내 가슴이 뛰고 내가 잘할 수 있고 내가 재미있게 몰입할 수 있는 일이어야 한다"는 이야기를 자주 한다. 처음부터 그런 일을 찾았다면 좋겠지만 그렇지 않다면 엄마들에게 있어 제2의 직업은 반드시 그래야만 한다고 생각한다. 그러기 위해서는 자신에게 어떤 장점이 있는지를 알아내고 그것을 잘 활용할 수 있어야 한다.

타고난 능력, 이미 내재된 장점을 발견하는 것도 의미가 있지만 평소 자신이 장점이라고 생각하는 것을 더욱 갈고 닦아서 자신만의 커다란 무기로 만드는 노력도 중요하다. '가장 강력한 스펙은 노력'이라는 말처럼 노력하는 이에게는 성공이 뒤따른다. 주위에서 소위 잘나간다는 여성들을 봐도 그냥 그 자리에 있는 것이 아님을 느낄 수 있다. 세상이 갈수록 치열해지고 각박해진다고 하지만 노력하는 사람에게는 불평할 여유조차 없는 게 사실이다. 자신이 가진 작은 장점이라도 그것을 발견해냈다면 거기에 몰입하는 추진력도 필요하다.

잘나가는 여자들에겐 커뮤니티가 필요하다

누구나 성공할 수 있지만 아무나 성공할 수 없는 시대이다. 자신의 장점을 당당하고 자신 있게 드러내고 알리는 데 노력을 게을리하지 않아야 할 것이다.

　나의 장점은 사람들을 모으는 것이다. 커뮤니티를 운영하는 데 있어서 가장 기본적이면서도 가장 중요한 일이 바로 사람을 모으고 관리하는 일이다. 나는 거기에 탁월한 능력이 있다고 믿는다. 나보다 나이가 많은 엄마들과도 스스럼없이 잘 친해지고, 엄마들이 모이면 그 속에 어떤 일을 할 사람들이 있는지 세심하게 관찰할 줄 안다. 그래서 한아름을 지금처럼 만들 수 있었고, 나의 비전을 함께 나눌 사람들과 인연을 맺을 수 있었다.

　앞서 소개했던 에듀커넥션에서도 여러 강사들이 모여 서로 토론해보면서 자신만의 장점을 내놓으니 모두가 그 장점을 배우고 익혀서 자신의 것으로 만들고 그럼으로써 강의 스킬을 높일 수 있었다. 당당하게 자신의 장점을 부각시킬 줄 아는 사람은 자신의 성장뿐만 아니라 여러 사람의 성장을 이끈다.

　모든 사람에게는 반드시 장점이 있기 마련이다. 자신에게 어떤 장점이 있는지 잘 모르겠다면 반드시 커뮤니티 활동을 해보라. 내가 무엇에 열정이 있고 관심이 있는지 제대로 알 수 있다. 지금까지 내가 만나본 엄마들은 대부분이 그랬다. 한아름에서 일하며 가슴이 뛰고 밥 먹는 것조차 잊을 만큼 열정을 쏟아낸다. 그리고 많은 사람들에게서 인정받아 그것으로 자신이 꿈꾸는 삶을 설계해간다.

유기적 협조가
성공의 열쇠이다

커뮤니티는 사람이 전부이다. 사람들이 있어야 커뮤니티라는 게 형성이 되고 모인 사람들이 활발히 움직여야 커뮤니티로서 제 구실을 하는 것이나 다름없다. 아마 나도 한아름 카페가 없었다면 지금처럼 많은 것들을 이뤄내지 못했을 것이다. 나 혼자서 이 모든 일들을 다 맡아서 하려고 했다면 이 중에서 절반도 해내지 못했을 것이다.

처음 핸드메이드 포레스트를 만들 때도 나는 여기에 관심이 있는 엄마들을 모은 자리에서 '핸드메이드 하시는 분들이 많은데 이분들이 만든 제품을 어떻게 홍보하고 활용할 수 있을까?'에 대해 질문을 던졌고, 엄마들의 수다 속에서 많은 아이디어가 쏟아졌다. 사람이 여럿 모이면 분명히 디자인하는 사람, 손재주가 좋은 사람, 돈 관리를 잘하는 사람, 이야기를 이끌어 가는 사람, 홍보나 마케팅에 대해 많은 지식을 가진 사람 등이 있기 마련이다. 그러면 그 안에서 그런 분들이 스스로 자신 있는 분야에 적극적으로 나서게 된다. 나는 '핸드메이드 포레스트' 프로젝트를 위해 사람을 모은 것뿐이지만 일단 모아놓기만 하면 알아서 회의하고 알아서 일이 진행되는 신기한 경험을 할 수 있다. 나의 역할은 이것이 사업적으로 가능한지 아닌지를 판단하는 것이다.

커뮤니티는 회사가 아니기 때문에 이런 유기적 협력이 더욱 주체적이고 자유롭게 이루어진다. 모두 자발적으로 참여하고 열정적으로 서로를 돕는다. 나는 커뮤니티의 이런 점이 가장 매력적이라고 생각한다. 그러나 어떤 일이든 늘 좋은 면만 있는 것은 아니다. 많은 사람들이 모이는 커뮤니티의 특성상 때로는 의견이 안맞을 수도, 서로 시기와 질투를 표현하는 경우도 생긴다.

보통 맘 카페는 지역마다 여러 개가 있다. 여러 개가 있다 보면 같은 지역에서 활동하는 다른 맘 카페들에 자연스럽게 관심을 가질 수밖에 없다. 여기는 어떤 일들을 하나, 여기에는 어떤 사람들이 모여 있나, 여기서는 어느 업체랑 무슨 일을 진행하고 있나 견제하게 된다. 아니면 그냥 아무런 이유 없이 질투나 적개심을 가지는 경우도 더러 있다. 다른 카페보다 우리가 더 잘됐으면 좋겠

잘나가는 여자들에겐 커뮤니티가 필요하다

고, 회원 수가 더 많아졌으면 좋겠고, 우리 카페만 특정 업체에 입점 받았으면 좋겠다는 그런 이기심도 고개를 든다. 그런데 나는 사실 이런 질투나 시기가 무슨 도움이 될까 싶다. 그런 에너지가 있다면 차라리 커뮤니티에서 하나라도 더 재미있는 이벤트를 기획하고 지역 사회에 어떻게 도움을 줄 수 있을까를 고민하는 게 더 생산적이다. 카페에 회원 수가 5만 명이고, 10만 명이면 무엇하겠는가. 크기가 뭐 그렇게 중요한가. 뭉쳐도 모자랄 판에 같은 지역에서 서로 미워하고 분열하는 건 절대 바람직하지 않다.

예전에 전국에서 가장 활발하게 활동하는 맘 카페들이 모여 법인 설립을 의논한 적이 있다. 실제로 시민들과 활발한 소통이 가능한 맘 카페와 공공기관이 좀 더 유기적으로 연계되어 있으면 시민들에게 돌아오는 혜택도 많아질 것이고, 엄마들의 힘이 필요한 곳에 큰 힘이 될 거라 생각하고 모인 자리였다. 솔직히 이름만 있고 사람을 모을 수도 없는 단체들이 우리나라에 얼마나 많은가. 이렇다 할 실적도 없는데 인맥으로 정부 사업 받아내 국가의 재정을 갉아먹는 것도 모자라 일은 안 하고 나랏돈으로 밥 먹으러 다니고 유흥에 쓰는 그런 유령 단체들이 얼마나 많으냔 말이다.

우리 맘 카페들처럼 지역 사회 활성화를 위해 정기적으로 벼룩시장을 한다든가 마켓을 연다든가 지속적으로 기부 활동을 하는 커뮤니티 단체들은 오히려 그런 사업에 낄 수조차 없다. 이유가 무엇일까? 우리는 그냥 커뮤니티지 어떤 단체나 믿을 만한 집단이 못 된다는 것이다. 그래서 이런 설움에서 벗어나고자 맘 카페 법인을 만들려고 했던 것이다. 그런데 법인 설립을 추진하고자 모인 자리는 순식간에 아수라장이 되고 말았다. 법인 설립을 추진하는 과정에서 여러 갈등이 생겼고, 결국은 아무런 결론도 내지 못한 채 무기한 중단되었다. 힘을 합치자고 모였는데 결국은 선한 영향력을 행사할 수 있는 좋은 기회를 스스로 무너뜨린 격이 되고 말았다.

경영학 용어 중에 '사일로 이펙트(Silos effect)'라는 말이 있다. 사일로는 추수가 끝난 논에서 볼 수 있는 마시멜로처럼 생긴 원통형 구조물을 말하는데, 조직에서 부서 간 협력하지 않고 서로 자기 부서의 이익만 주장하는 것이 꼭 사일로로 담을 쌓는 것과 비슷하다 하여 붙여진 이름이다. 이처럼 조직에서 구성원들이 서로 협조하기 위해서는 경쟁의식을 버려야 한다. 내 일, 네 일을 따지기 전에 내 일에는 더욱 책임감을 가지고, 네 일도 내 일처럼 생각하는 상호협력의 태도가 가장 중요하다. 이것은 회사에서뿐만 아니라 커뮤니티에서도 마찬가지다. 유기적인 협조가 커뮤니티 성공의 열쇠인 셈이다.

독특한 경영철학으로 성공한 미국의 저가항공사 사우스웨스트항공은 '직원을 먼저 생각하는 경영'으로 유명하지만 그로 인해 직원들도 회사에 주인의식을 갖는 것은 물론 서로 다른 직원의 업무까지도 배려하는 사내문화로 유명해졌다. 일례로 사우스웨스트항공의 승무원들은 비행기가 착륙하고 탑승객이 모두 내린 뒤 다음에 올 청소 담당 부서를 배려해 간단한 기내청소를 당연한 것이라 생각한다고 한다. 이런 부서 간 화합과 협력은 사우스웨스트항공사의 경쟁력을 만들어준 또 하나의 요인이라 할 수 있다.

'뭉치면 살고 흩어지면 죽는다'는 말이 있듯 사람들이 모인 조직이라면 가장 신경 써야 할 것이 '조직 내 균열'이며, 위기 속에서도 빛을 발하는 것이 내부 단결 혹은 내부 협조, 협력이다. 사람들이 모인 곳에서 발생하는 일 중에서 가장 위험한 것이 내부 분열이다. 똘똘 뭉쳐도 시원치 않은데 서로 헐뜯고 시기 질투하는 모습은 운영하는 입장에서도 슬픈 일이고 안타까운 일이다. 그래서 조직이 단단하게 뭉치려면 조직원들의 노력도 중요하지만 리더가 중심이 되어 한가운데를 지탱해야 한다. 특히 커뮤니티의 리더는 구성원들이 더욱 단결하고 그들로부터 유기적 협력을 잘 이끌어내는 자질을 갖는 것이 제일 중요하다. 회원 수가 많아지고 커뮤니티의 덩치가 커질수록 내부에서 분열이 일어나지 않게 조정하고 다독이는 일이 가장 어렵다. 나 또한 커뮤니티가 성장할수록 한 번씩 그러한 도전에 처하게 되지만, 어려울 때 서로 헐뜯고 비방하기보다 지속적으로 꾸준히 긍정적인 상호관계를 구축해나가고 엄마들끼리 서로를 도울 수 있는 분위기를 만들어 나가는 것이 이러한 갈등을 해결하고 유기적 협조를 이끄는 해결책이 아닐까 싶다.

여자들은 한 번 틀어지면 다시 연결되기 힘들어도 한 번 믿음과 신뢰로 얽혀지면 쉽게 떠나지 않는다. 거기다 폭풍우가 몰아칠 때 위대한 뱃사공이 나듯 위기를 진정한 변화로 이끄는 리더까지 있다면 그 커뮤니티는 반드시 오래 지속될 거라 생각한다. 커뮤니티 안에서 회원들이 서로 신뢰하고 믿음을 가진다면 오히려 외부의 그 어떠한 위기에도 무너지지 않는 단단함을 가지게 될 것이며 바로 그것이 커뮤니티의 성공 열쇠일 것이다.

금남의 지역,
여자들의 커뮤니티

"왜 남자는 맘 카페 가입이 안 되나요?"

정말 소수이긴 하지만 간혹 이런 질문을 하는 남성분들이 있다. 자신도 같은 지역에 살고 있고 정보를 얻고 싶은데 왜 남자는 가입이 안 되느냐는 것이다. 게다가 어떤 분은 자신이 집에서 아내 대신 육아를 담당하고 있기 때문에 육아나 교육 정보에 대해 알고 싶어 가입을 하고 싶다는 쪽지를 보내오기도 한다. 우리 카페를 비롯하여 지역 맘 카페는 대부분 여자만 가입이 가능하도록 가입 조건을 설정해 놓은 경우가 많다. 당연하지만 맘 카페이기 때문이다. 주부들끼리 남편 흉도 보고, 시부모님 이야기도 하는데 아무래도 남자들이 있으면 불편해지기 때문에 특별한 이유가 없는 한 남성의 가입을 불허하고 있다. 남성 혐오라든가 남성 기피는 절대 아니다. 남성들이 남초 카페를 만들어 정치 이야기, 자동차 이야기, 여자 이야기를 하듯이 레몬테라스나 맘스홀릭 등 회원수가 몇 백만 명이 넘는 대형 여초 카페나 맘 카페도 마찬가지로 여자들이 모여 남자 이야기, 아이 키우는 이야기, 교육 이야기, 결혼 이야기 등을 나누는 것일 뿐이다.

포털사이트 맘 카페가 있기 전에도 주부들을 위한 온라인 커뮤니티는 이미 활성화되어 있었다. 주부로서 겪는 고민들도 털어놓고, 오늘 저녁에는 가족들에게 무슨 반찬을 해줄지 요리법 공유도 하고, 자녀 교육 문제, 남편 직장 문제에 대해 선배 엄마들의 조언을 구하는 용도로 여성들을 위한 커뮤니티는 알게 모르게 가정 안에 갇혀 사는 주부들의 활력소가 되어 주었다.

그런 의미에서 엄마들만을 위한 커뮤니티는 풀 데 없는 서로의 이야기를 들어주고, 위로하고 공감하며 응원하는 공간이다. 시답잖은 이야기일지라도 누군가 내 이야기를 들어주고 댓글로 피드백을 해주고 마음에 맞는 사람들끼리 만남을 가질 수도 있는 커뮤니티는 그야말로 엄마들의 놀이터이기 때문이다. 실제로 엄마들은 자기 자신을 위해서 지역 커뮤니티에 참여하고 모임을 만든다. 마음대로 자신의 시간을 낼 수 없는 엄마들은 일주일에 한 번 정도 아이를 맡기고 나와 다른 엄마들과 수다를 떨거나 차를 마시거나 맛있는 음식을 함께 먹으며 스트레스를 날리곤 한다. 이런 시간을 가지고 나면 아이와 남편에게 조금은 관대하게 대할 수 있는 마음의 여유가 생기고 힘든 일상을 지탱할 힘을 얻곤 하는 것이다. 모르는 사람들은 '할 일 없는 아줌마들이 모여서 수다나 떤다'고 생각할지 모르지만 사실은 '고단한 일상에서 그나마 소박한 즐거움이라도 찾고 싶은 엄마들의 애씀'이다.

> 오늘을 사는 많은 대한민국의 남편들이 그렇겠지요. 늘 그 자리에 있어서 소중함을 모르고, 존재의 가치를 충분히 인정해주지 못한 채 그저 "사느라 바빠서……"라는 변명 뒤에 숨어 아내를 더 섭섭하게, 쓸쓸하게 만든 적이 많았을 것입니다. 저 또한 그랬고요.
> 햇수로 13년이라는 길지도 짧지도 않은 세월 동안 아내의 남편으로 살아오면서, 대한민국 보통 남편의 점수를 받으면서, 제가 가장 많이 했던 후회는 더 많이, 더 자주 아내의 편이 되어주지 못했다는 것이었습니다. 아내가 원하는 만큼, 바라는 방식으로 아내를 위로해주지 못했다는 것이었습니다.

법대 교수이자 외교통상 전문가, 토론 진행자…… 아무리 봐도 여성을 이해할 수 있을 것 같지 않은 저자가 《여자도 아내가 필요하다》라는 책에서 자신의 아내를 떠올리며 에필로그에 쓴 글이다. 그는 우연히 한 여성 CEO의 강연에 참석했다가 그동안 미처 생각하지 못했던 여자들의 고민과 여자로 살아간다는 것에 대한 고달픔을 듣게 되었다고 한다. 그리고 남편과 아이들의 무관심, '현명한 아내, 슈퍼맘'을 강요하는 사회 분위기 속에서 여성들이 점점 자신의 행복과는 거리가 먼 삶을 살고 있음을 돌아보게 되었다고 한다.

대한민국에서 여성으로 사는 삶은 겪어보지 않으면 절대로 알 수가 없다. 가정에서 직장에서 아무리 노력해도 누구 하나 알아주는 사람 없고, 밥 해주고 빨래 해주며 하루 종일 뒤치다꺼리해도 돌아오는 건 핀잔뿐이다. 누구에게도 응원 받을 수 없는 이 시대의 엄마들은 속으로 썩어가고 있다.

'아이가 행복하려면 엄마가 행복해야 한다, 가정이 평화로우려면 여자가 행복해야 한다'는 말이 있다. 그만큼 가정에서 엄마는, 여자는 전체의 절반 이상쯤 되는 영향력을 가지고 있다. 가정이 불행해지느냐 행복해지느냐는 분명 엄마의 행복 여부에 좌우된다. 여성의 일생에서 큰일이 얼마나 많은가. 결혼, 임신과 출산, 집안 살림, 고부 관계, 직장 생활과 자아실현 등 여성으로서 겪을 수밖에 없는 상처와 고민 스트레스가 이루 말할 수 없다. 스스로 이러한 문제를 해결해나갈 수도 있겠지만 가족과 주변 사람들의

잘나가는 여자들에겐 커뮤니티가 필요하다

도움과 관심으로 치유하고 해결해나갈 수 있는 사회가 되었으면 하는 바람이 나에게도 있다.

사실 여자들이 바라는 것은 민망하리만치 사소한 것인 경우가 많다. 그냥 내 이야기를 경청해주는 것, 오늘 하루 수고했다는 인사말, 방긋 웃는 아이의 미소, 사소한 이야기에 쳐주는 맞장구 같은 것들이다. 집에 돌아온 남편에게 이런 사소한 말들을 건넸을 때 반응은 대부분 시큰둥하거나 무관심이다. 그러니 이렇게 쌓여 있는 스트레스를 어떻게 남자와 함께 있는 공간에서 풀 수 있단 말인가. 여자들끼리니 이런저런 이야기도 털어놓고 서로 위로하고 받을 수 있는 것이다. 그것이 여성들만 모인 커뮤니티의 문화이다. 간혹 '여자들은 비판할 줄 모르고 서로 말도 안 되는 얘기를 해도 동조한다'고 평가하는 사람들이 있는데 꼭 그렇지만도 않다. 그리고 당연하지만 남성의 관심사와 여성의 관심사는 좀 다르기도 하다. 그러니 여자들이 서로 이야기가 통하고 어떤 이야기를 해도 서로 알아들어서 대화가 되기 때문에 여자들만 모이게 되는 것이다.

맘 카페가 어쩔 수 없이 금남(禁男)의 공간이 되었지만 이를 부정적으로 받아들일 필요는 없다고 생각한다. 어쩌면 사회적 약자로 취급받는 우리 여성들이 그나마 자신들의 이야기를 마음 놓고 할 수 있는 공간, 같은 여성들의 지지와 응원을 받으며 떨어진 자존감을 되찾을 수 있는 공간, 작은 힘이 모여 큰 힘을 만들 수 있다는 것을 몸소 보여주고 싶은 열망이 있는 공간으로 바라봐주면 어떨까. 사람은 어떤 면을 바라보느냐에 따라 다른 생각을 품을 수 있는 힘이 있다. 어떠한 현상을 부정적인 면에 치중해서 바라보면 그것은 어느 쪽을 바라보더라도 나쁜 것이지만, 긍정적인 시각으로 바라보면 그 속에 좋은 점들이 눈에 띄게 마련이다. 그리고 여자들이 모여서 나쁜 공간인 것이 아니라, 맘 카페를 악용하는 사람들이 맘 카페의 건전함을 무너뜨리고 있는 것이라는 점도 이 책을 통해 대변하고 싶다.

커뮤니티 활용하여 사업하기

커뮤니티를 적절히 활용하면 다양한 사업을 벌일 수 있다. 단 5명만 모여도 다양한 사업을 진행하는 것이 가능하다(여기에서 말하는 사업이란, 영리 목적의 사업만을 말하는 것은 아니다). 모인 5명이 공동육아에 공통된 관심을 갖고 있다면, 공동육아를 하다가 추후에는 강의를 진행할 수도 있다. 현재 한아름에서는 공동육아를 진행하고 있는데, 공동육아에 참여하고 있는 팀만 해도 5팀이 넘는다. 이 팀은 아이의 나이에 맞춰서 모집을 했고, 큰 틀에서는 공동육아의 규정을 같게 적용하고 월에 1번 총회를 진행하되, 세부적인 사항은 팀 안에서 정해진다. 한 팀의 엄마들은 보통 4~5명이고, 팀 안에서 강의를 할 수 있는 분야를 정하여 엄마들은 각각 월에 1번씩 강의를 하고 아이들은 일주일에 1번씩 모여서 엄마들이 자체적으로 진행하는 수업을 듣게 된다.

엄마들이 진행할 수 있는 수업은 가베수업부터 중국어, 책놀이 등 정말 다양하다. 이렇게 서로의 재능을 공유하다가 자신감이 생기면 마을의 아이들을 위한 강의를 진행할 수 있다. 이미 공동육아를 통해 훈련이 되어 있는 선생님으로 거듭난 엄마들은 다른 아이를 가르칠 때도 프로 못지않게 강의를 진행할 수 있게 되고 이것들이 경력이 되어 전문 강사로 진출할 수 있다. 사실 인원만 모집된다면 어디서든 강의를 진행할 수 있기 때문에 문화 강좌나 교육 강좌 등 강의 사업은 커뮤니티를 통해 가장 접근하기 쉬운 사업이라고 할 수 있다.

커뮤니티를 통해서는 강사가 되어 강의를 진행하는 것도 할 수 있지만, 강사를 초빙하여 강의를 주최하는 것도 충분히 할 수 있다. 혹시 공통의 관심사가 있는 5명만 모여 있다면, 5명이 분담하여 강의비를 내고 전문 강사를 우리 동네로 초빙해보는 것도 감히 진행해볼 수 있다. 그게 부담이 된다면 강의 시간과 장소를 정해 참여하고 싶은 사람들을 모아 분담하여 참가 비용을 받고 진행하면 된다. 예를 들어, 핸드메이드 제품을 판매하는 5명의 사람들이 모여 있는데, 제품을 잘 판매하는 방법이나 홍보 방법에 대해 배우고 싶다면, 마케팅 강사를 초빙하여 강의를 마련할 수 있다.

마케팅 강사를 1명 섭외하고 장소와 시간을 주변 사람들에게 말해 인원을 모집한다. 일단 5명이 모여 있기 때문에 아이 유치원 엄마, 띠동갑 친구, 운동 모임 언니 동생들까지 동원하면 5명이 인원을 모으는 것은 1명이 모으는 것보다는 아주 쉽다. 그러면 이 강의에 관심이 있는 사람들이 오프라인으로 다시 모이게 되고 또 이들 사이의 커뮤니티가 생기게 된다. 장소 대여비와 강사료는 모인 인원이 분담하여 지불하면 된다. 이때 모인 수강생들은 멀리 나가지 않아도 집 근처에서 좋은 강의를 들을 수 있다는 장점이 있고, 인근 지역에 사는 강사를 섭외한다면 해당 강사는 강의를 하기 위해 멀리 나가지 않아도 집 근처에서 돈을 받으며 강의를 할 수 있다는 장점이 있다.

커뮤니티를 활용하여 공동구매도 진행할 수 있다. 어떤 물건이든 많이 구매하면 저렴하게 구매할 수 있다는 점을 이용하는 것이다. 또 공동구매는 소비자 입장에서도 좋지만 판매자에게도 큰 이득이 된다. 요즘에는 공동구매만을 진행하는 커뮤니티도 많이 생겨나고 있다. 판매자는 한꺼번에 많은 수량의 제품을 판매할 수 있어서 좋고, 소비자는 이왕 사려고 했던 제품을 조금 더 싼값에 살 수 있어서 좋다.

만약 핸드메이드 제품을 만드는 사람들이 모여 있다면 정기적으로 날을 잡아 플리마켓을 운영할 수도 있을 것이다. 플리마켓은 원래 안 쓰는 물건을 교환하거나 판매하는 벼룩시장을 의미했지만, 요즘은 외부에서 판매하는 오픈마켓을 플리마켓이라고 많이들 이야기한다. 온라인으로도 물건을 팔 수 있는 세상이 된 요즘, 온라인만으로는 홍보가 부족하기 때문에 5일장처럼 외부에서 다양한 물건을 판매하는 사람들이 모여 마켓을 진행하는 것이 트렌드가 되었다.

실제로 김포맘 한아름 커뮤니티에서도 핸드메이드 제품을 만드는 엄마들을 모아서 일반 커피숍에 장소를 잡고 날을 잡아 손님을 초대하는 '핸디마켓(핸드메이드 제품만을 파는 마켓)'을 정기적으로 주최했었다. 사람들이 많이 다니는 골목에서 좌판을 깔아놓고 한 종류의 제품만 파는 것보다는 예쁜 커피숍에 장소를 마련하고 여럿이 모여서 다양한 제품들을 판매하는 마켓이 훨씬 더 진열하기에 예쁘고, 사람들의 이목을 끌고, 수익도 좋았다. 만드는 것은 혼자서 만들더라도 판매만큼은 한 자리에서 크게 벌어야 효과가 있기 때문이다. 생산자가 마켓을 주최하는 것 외에 다른 지역에서 진행하는 플리마켓에 참여할 수도 있을 것이다. 이것도 혼자 참여하는 것보다는 그룹으로 모여서 참여하는 것이 아무래도 더욱 풍부한 물품이 있어 보여서 좋다. 섭외하는 입장에서도 한 명씩 여러 사람을 구하는 것보다는 이렇게 그룹으로 모여 있으면 몇 단체만 섭외해도 플리마켓이 더 성대해진다는 장점이 있다.

여기서 더 발전하면 브랜드를 만들 수도 있다. 김포맘 한아름에서 만든 '핸드메이드 포레스트'도 그렇게 발전하여 만들어진 브랜드이다. 참여하는 사람들이 자금을 모아 상표권을 등록하고 브랜드 디자인도 할 수 있다. 여럿이 모여 있으니 한 사람이 마케팅하는 것보다 홍보 효과도 높다. 필요하다면 공동 브랜드 이름으로 작업실을 임대할 수도 있을 것이다. 각자 집에서 작품을 만드는 것보다 재미도 있고 능률도 오른다. 5명이면 많은 인원은 아니지만 이렇게 점점 사업을 넓혀갈 수도 있는 것이다. 판매자가 아니어도 커뮤니티를 활용해 플리마켓 주최자가 되어 판매자를 모집하고, 회원들에게 홍보하여 회원들로 하여금 상품을 구매하도록 하는 방법도 있다.

만약 1,000명이 넘는 규모의 커뮤니티를 운영하고 있다면 위의 사업들 외에도 홍보비를 받는 사업을 할 수도 있다. 커뮤니티에 많은 인원이 모여 있다는 것은 그 인원들에게 홍보를 하고 싶은 업체에게는 큰 메리트가 될 수 있다. 그래서 홍보를 원하는 기업이나 단체, 개인에게 홍보비를 받는 사업을 진행하는 것이다.

이렇듯 커뮤니티에 아이디어만 더하면 얼마든지 크고 작은 사업을 할 수 있다. 특히 여자들이 도전하기 좋은 플랫폼이니 아이디어가 있다면 커뮤니티를 활용한 사업에 도전해 봐도 좋을 것이다.

Chapter
06

지금부터,
나는 잘나가는 여자다

1%만 바꿔도
여자가 달라진다

보석상을 하는 한 남자가 해외를 여행하는 중에 진귀한 보석을 하나 발견했다. 보석이 너무나 마음에 든 보석상은 가격을 물었고, 엄청난 금액임에도 불구하고 그 보석을 구입했다. 물론 자신의 나라로 가져가 산 가격 이상의 돈을 받고 팔기 위해서였다. 여행을 마치고 즐거운 마음으로 보석상으로 돌아온 남자는 보석을 이리저리 살펴보다가 구입할 때는 보지 못했던 흠집을 발견했다.

"아! 여기에 이런 흠집이 있었다니……."

남자는 어쩔 줄을 몰라 하며 감정사들을 찾아가 보석의 가치를 물었고, 그들은 하나같이 그 흠집이 보석의 가치를 떨어뜨린다고 말했다. 보석은 산 값 이상을 받기는커녕 작은 흠집 하나 때문에 생각보다 낮은 가격으로 떨어졌다. 속이 상할 대로 상한 남자는 그럼에도 불구하고 여러 가지 생각에 잠겨 이 보석의 가치를 올릴 수 있는 방법을 궁리했다.

'어떻게 하면 이 보석을 다시 원래의 가치로 되돌릴 수 있을까?'

그는 오랜 고민 끝에 한 가지 방법을 생각해냈다. 보석에 난 작은 흠집에 장미꽃을 조각하는 것이었다. 그 결과, 장미꽃 조각 하나로 보석의 가치는 원래의 몇 배 이상 올라갔다. 보석상 남자는 다시 행복해졌다.

나는 지역 내에도 이런 흠집 난 보석들이 참 많다고 생각한다. 작은 아이디어로 조금만 손을 보면 그것이 가진 것 이상의 가치를 발하는 그런 것들 말이다.

2015년에 경기도 따복 공동체 사업에 선정된 '한아름 재능기부센터'라는 사업이 있었다. 이는 버려져 있는 아파트 커뮤니티 공간을 활용하여 여성의 일자리를 창출하는 사업이었는데 지금은 진행을 하지 못하고 있다.

예전에는 동네가 내 집 같고 만나는 사람들이 모두 가족 같던 공동체 정서가 있었는데, 현대사회에는 이것이 사실 거의 대부분 무너졌다고 해도 과언이 아니다. 다들 개인적으로 자신의 생활만을 생각하며 살다 보니 옆집에 무슨 일이 일어나도 모를 정도이니 말이다. 이 사업은 무너진 공동체 의식을 활성화한다는 의미에서 남경필 경기도지사가 시행한 사업으로 사업 내용 중에는 공간을 조성하는 사업비도 있고 이미 있는 공간을 활용하는 사업비도 있다. 김포 한강신도시처럼 새롭게 도시가 조성되는 곳에는 아파트들이 아주 많이 들어서게 되는데, 요즘은 아파트 면적마다 또는 세대수마다 노인정, 놀이터가 정해진 개수만큼 들어가야 하고 주민운동시설, 주민공동시설(커뮤니티)을 반드시 짓게 되어 있다. 그러나 실상 한 번도 이용되지 못하고 그대로 방치되는 시설들이 수두룩하다. 이렇게 공간은 버려지고 엄마들은 아이를 놀리기 위해 키즈카페를 가거나 단지 내 갈 곳이 없어 차를 타가며 문화센터로 향한다. 믿고 아이를 맡길 곳이 없어 친정이나 시댁에 거의 얹혀 살다시피 하는 워킹맘들도 많다.

아파트 단지 내 커뮤니티 시설을 적극적으로 개선하고 활용한다면 아파트 단지의 흉물이 아니라 엄마들의 보석 같은 공간이 될 것이다. 그리고 엄마들의 모임이 이런 커뮤니티 시설에서 이뤄진다면 두 가지 문제를 해결할 수 있다. 단지 내 커뮤니티 시설이 무용지물이 되지 않고 활성화되는 것과 집 근처 엄마들에게 편안한 공간이 생겨 차를 타고 멀리 가지 않아도 아이들 교육을 할 수 있고 자기계발을 할 수 있다는 점이다. 사실 엄마들이 동네에서 취미 모임이라도 하나 가지려고 하면 마땅한 장소가 없다. 대개 카페에서 찻값을 내고 앉아 있거나 스터디룸에 비용을 지불하며 시간당으로 빌리는데, 아이가 있는 경우에는 눈치도 보이고 때에 따라 의자가 불편하니 아이와 오랜 시간을 함께 있기에도 힘들다. 그렇다고 매번 돌아가며 집을 장소로 제공하기도 애매하다. 게다가 모임에 따라서는 아이들과 함께 진행하는 경우도 있는데 카페나 스터디룸은 아이들에게 사실 많이 불편한 장소이다.

아파트 단지 내 커뮤니티 공간을 활용하면 엄마들은 집에서 가까운 곳에서 모임을 가질 수도 있고, 돈도 절약할 수 있다. 또 이러한 공간을 수익성 사업으로 발전시킬 수 있는 것 중에는 '어린이집 후 공동육아터'로 엄마가 야근을 할 때 어린이집 하원 후 잠시 아이를 맡길 수 있는 장소가 될 수도 있다. 그렇게 되면 공동육아터에서 아이를 돌보는 엄마들에게는 일자리가 생기는 것이고, 직장맘들에게는 믿을 수 있는 동네 엄마에게 아이를 맡길 수 있는 공간이 생기는 것이다. 낮에는 엄마들을 대상으로 한 문화 강좌나 특강이 열릴 수도 있다. 그러면 커뮤니티 공간 주변에 거주하는 엄마들은 굳이 마트나 백화점으로 문화 강좌를 듣기 위해 멀리 이동하지 않아도 되고, 강사 역시 그 동네에 사는 분이 맡을 수도 있다.

엄마들이 아이를 키우면서 할 수 있는 일 중에 대표적인 것이 문화센터 강사이지만, 강사들은 본사에 소속되어 수수료를 많이 떼이거나 먼 지역까지 강의를 다녀야 한다는 안타까운 현실이 있다. 만약 자신이 거주하는 지역 내 커뮤니티 공간에서 강의를 꾸준히 할 수 있다면 한 시간 이상 다른 지역으로 이동하는 시간을 벌 수 있고 더 많은 곳에서 일을 할 수 있을 것이다. 예를 들어, 우리 동네에 꽃꽂이 강사가 있다면 그 강사는 우리 동네 아파트 단지 내 커뮤니티 3곳에만 출강하더라도 일주일에 3번 정도 강의로 경제 활동을 하면서 아이를 키울 수 있다. 그리고 그 3곳의 아파트 주민들은 멀리까지 이동하지 않더라도 꽃꽂이 강의를 배울 수 있다. 그러나 여기에도 한계는 있다.

현재 주택법상 입주자대표회의 또는 관리사무소에 의해서만 이런 커뮤니티 시설을 운용할 수 있게 되어 있다. 입주자대표회의는 대부분 남자들로 이뤄진 동대표가 모인 곳이고 이들은 생계가 있기 때문에 이런 커뮤니티 시설 활용에까지 신경 쓰기는 쉽지 않다. 또한 관리사무소는 대부분 외주 업체이고 입주민의 응대를 하느라 이런 곳까지 신경 쓸 필요도 여유도 없다. 정치인들은 이러한 버려져 있는 훌륭한 공간을 수익사업을 하지 않는 비영리법인(고유번호증이 있는 단체)이 활용할 수 있도록 하는 법안을 마련하는 등 여러 사회 현실 때문에 낭비되고 있는 여성 인력을 활용할 법적인 제도를 마련해야 한다.

아주 사소해 보이는 일이지만 이런 버려지는 커뮤니티 시설의 활용은 현대 사회에 침체되어 있는 공동체를 활성화할 수 있는 방법이 되기도 하고, 큰 경제적 효과를 갖고 올 수도 있다. 무엇보다도 우리나라가 직면해 있는 여성의 사회 재진출을 조금이나마 해결할 수 있다. 1%만 바뀌어도 여자들이 바뀔 수 있는 것이다.

아파트 단지마다 꼭꼭 닫혀있는 커뮤니티 시설이 활짝 열리고 그곳에서 아파트 내 엄마들이 자주 왕래하며 옆집, 앞집 엄마들과 소통하고 아이들을 함께 기르며 일자리도 창출할 수 있다면 바로 옆 아파트보다 더 살기 좋은 집이 되는 것이고 실제로 전셋값도 오른다. 일하는 엄마 역시 아파트 커뮤니티가 있어 마음 놓고 일할 수 있어 안심이다. 여러 아파트에서 이런 커뮤니티가 활성화되어 아이를 마음 놓고 키울 수 있는 곳들이 많아지길 기대해본다.

잘나가는 여자들에겐 커뮤니티가 필요하다

여우 같은 여자보다
여유 있는 여자가 돼라

'여우 같다'는 표현이 어떨지 모르
지만 내가 생각하는 여우 같은 여자는 다른 사람의 이목이나 상황
에 따라 쉽게 자신의 태도를 이리저리 바꾼다거나 지극히 개인적
인 일에만 관심을 보이는 사람이다. 얻을 것이 없으면 시간 낭비
라 생각하고 자아실현보다는 외부로 보이는 것들에 관심이 더 많
은 사람. 나도 어쩌면 결혼을 하기 전까지 아니, 아이를 낳기 전까
지는 그런 여자 중에 하나였을지도 모른다.

나는 결혼하기 전까지만 해도 할머니, 부모님, 2명의 여동생,
12살 터울 늦둥이 막내 남동생과 북적거리며 함께 살아왔다. 남
들의 눈엔 다복하고 화목한 가정에서 자라는 것처럼 보였겠지만

내 속은 늘 문드러져 있었다. 부잣집 딸에 하고 싶은 것 많은 철부지 소녀이던 엄마는 가부장적이고 무뚝뚝한 남편에게 시집와 시어머니를 25년 동안 모시느라 몸도 마음도 점점 현실 생활에 찌들어갔다. 엄마는 그 가슴속에 쌓인 울분을 첫째 딸인 나에게 고스란히 토해내며 살았다. 내가 아이를 낳고 생각해보면, 한비야 씨처럼 자유롭게 여행 다니며 세상을 즐기고 노는 게 꿈이었던 사람이 아이를 넷이나 키우면서 시어머니 끼니를 차리느라 하루에 한 시간도 밖에 나가지 못하는 생활을 25년이 넘도록 했으니 그마음이 오죽했겠나 싶다. 지금은 나도 애 엄마가 되어 우리 엄마가 얼마나 힘들고 고통스럽게 지난 세월을 살아왔는지 조금은 이해가 되지만 내가 어릴 때는 늘 나에게 분풀이를 하는 엄마에게서 벗어나고 싶다는 생각뿐이었다.

엄마는 하루에도 몇 번씩 나에게 "엄마처럼 살지 마라, 아빠 같은 사람 만나지 마라"라는 얘기를 반복했고, 나는 마치 세뇌된 인형처럼 아빠와는 반대되는 남자만을 찾아다녔다. 나는 엄마의 억울했던 인생을 보상해줘야만 하는 임무가 내려진 사람처럼 살아야 했고, 엄마에게 다른 복은 없어도 자식 복은 있는 사람이라는 것을 증명해내는 삶을 내 스스로 만들어내야 했다. 또 나는 맏이로서 동생들을 잘 돌보고 모범을 보여야 하는 착한 아이 콤플렉스의 장녀이자 일찍 퇴직한 아빠를 대신해 어린 동생들을 책임져야 하는 가장 노릇까지 맡아야 했다. 그렇게 '나' 자신이 어떤 사람인지는 모른 채 부모님의 기대와 남들이 정해놓은 행복의 기준에 나를 맞추며 살아가고 있었다.

나는 신붓감 1순위라는 교대 나온 여자였고 안정적인 직장에 다니는 강남 출신 남자와 만나 남들의 이목이 중요한 아버지의 직업 덕분에(?) 삼성동에서 성대한 결혼식을 올렸다.

남들이 보기에 괜찮은 집안, 괜찮은 학벌, 괜찮은 직업, 괜찮은 결혼까지…… 나는 어떤 여자를 만나도 부러움의 대상이었다. '여자의 인생이 이 정도는 돼야지' 하는 기준에 딱 맞는 삶이었다. 그러나 남들의 눈에는 그럴지 몰라도 나에게 내 인생은 그다지 맞지 않았다.

내 삶이 행복하지 않다는 것을 알게 된 것은 딸아이를 임신하고, 낳고, 키우는 과정에서였다. 결혼을 한 지 얼마 안 됐을 때는 빨리 정착했다는 안도감과 제때에 해야 할 일을 했다는 성취감에 젖어 있었고, 나를 부러워하는 주변의 시선에 그저 내가 행복한 사람인 줄만 알았다. 하지만 아이를 가지면서 심한 입덧을 하고, 아이를 낳고 나서는 산후우울증에 시달리고, 아이를 키우면서 체력적인 부담감, 미래에 대한 불안함 등을 느끼며 나의 결혼은 내가 가족에게서 도망치기 위한 수단이었음을 알게 되었다. 그리고 그때부터 남들의 기준이 아닌 내 기준에 행복한, 진짜 내 삶을 만들어 가야겠다고 생각했다.

김포에 터를 잡고 육아를 하면서 나의 꿈과 미래에 대해 그려 나가기 시작했다. 처음에는 내가 잘하고 잘 알고 있는 분야에서 부터 시작했다. 지금의 내가 운영하고 있는 한아름 카페에 가입해 교육 정보들을 공유했다. 사람들은 나를 교육 전문가로 인정하기 시작했고, 교육 강의를 해달라는 의뢰까지 받았다. 그래서 온라인 에서만 소통할 것이 아니라 내 교육 방향에 공감하는 사람들과 모임을 만들어 만나기 시작했다. 나 자신에 집중하여 내가 원하는 일이나 잘할 수 있는 일이 무엇인지 잘 파악한 후에, 마음이 맞는 다른 사람들과의 교류를 즐기기 시작하고, 내가 무엇을 잘할 수 있는지에 대해 고민을 하다 보니 오히려 조금씩 내가 보이기 시작 했다. 그리고 조급한 마음과 불안한 마음 대신 '어떻게 하면 재미 있는 것들을 만들 수 있을까? 지역에 도움이 되는 일들을 할 수 있을까?'를 생각하기에 이르렀다.

한아름 카페를 인수 받아 운영하고 나서는 내가 하는 모임을 넘어서 지역의 교육, 지역의 발전, 지역의 활성화 등 큰 그림을 그리게 되고, 그 커다란 그림 속에 존재하는 나의 역할, 나의 사명, 나의 신념이 더욱 굳건히 자리 잡히기 시작했다. 오히려 크게 보고 생각할수록 조급함이나 불안함보다는 여유와 보람, 성취감이 더욱 커졌다. 그리고 그것이 쌓여 나를 더욱 자신감 있고 단단하게 만들어주고 있다. 나는 커뮤니티를 운영하는 것이 너무나 좋고 우리 커뮤니티와 지역이 발전하고 성장하는 모습을 지켜보는 것이 정말 흐뭇하다. 커뮤니티를 운영하는 데 있어 나에 대한 애정과 관심이 없었다면 이미 포기했을 것이다.

"남이 생각하는 여자의 역할을 따르며 살 것인가, 나 스스로를 파악하여 나만의 고유한 인생을 살 것인가?"

나는 여자들이 다른 사람의 인생이 아닌 자신의 인생을 살아가길 바란다. 또 그것이 바람직하다고도 생각한다. 내가 나 자신에 대한 생각을 하지 않으면 남편과 아이의 삶에 집중하게 되고 아이의 삶이 꼭 나의 삶인 양 동일시하며 아이를 독립적인 한 인간으로서 판단하기가 점점 힘들어지기 때문이다. 이러한 삶은 엄마에게도 아이에게도 이로운 점이 없다. 엄마들은 다른 사람에게 내가 헌신한 만큼 되돌려 받거나 의지하고 싶어 하는 경향이 강하다. 그러면 나중에 실망감도 커진다.

가족과의 관계는 물론 타인과의 관계가 좋으려면 내 자신이 어떠한 감정을 느끼며 사는지, 그 감정이 일어나게 된 기본적인 욕구는 무엇인지를 먼저 파악할 수 있어야 하고 그것을 다른 사람에게 올바른 방법으로 전달할 수 있어야 한다. 나 스스로가 어떤 사람인지, 특정한 상황에서 어떤 기분과 감정을 느끼는지, 그 원인은 무엇인지 등을 알지 못한다면 당연히 남들이 말하는 대로, 바라는 대로 살 수밖에 없다. 그것은 행복한 인생일 수가 없다.

더구나 남 일 말하기 좋아하는 한국사회에서, 사람들이 보편적으로 이뤄 놓아야 한다고 생각하는 것들을 하나씩 충족시키며 사는 삶은 얼마나 빠듯한가. 남들이 정한 기준만을 따라가다 보면 여유 있는 행복한 생활은 점점 힘들어진다. 내가 진짜 원하는 것이 무엇인지, 내 가족이 원하는 것은 무엇인지를 잘 고려하고 조정하며 좀 더 여유 있는 삶을 사는 여자들이 많아졌으면 좋겠다.

'남들 눈에 내가 어떤 사람으로 비춰질까'를 생각하면 삶이 힘들고 고단해진다. 그보다 '나는 어떤 사람이 되고 싶은가'에 초점을 맞춰 생각하고 행동하면 삶이 여유롭게 바뀐다. 당장 눈앞의 현실도 중요하지만 늘 멀리 보고 크게 생각하는 여성들이 많아져 자신의 인생에서 여유를 찾을 수 있는 기회를 발견하길 바란다.

무조건 잘나가는 여자로 살 수 있는
5가지 방법

커뮤니티 운영으로 잘나가는 여성들에게는 나름대로 공통점이 있다. 나에게 컨설팅을 받거나 내가 운영하는 한아름 카페를 롤모델 삼아 자신만의 영역을 구축해나가고 있는 여성들은 대체로 다음의 5가지를 잘 이용할 줄 알거나 기본적으로 그런 것들을 잘하는 사람인 경우가 많았다. 이 5가지 방법을 이용하면 당신도 잘나가는 여자로 살아갈 수 있다.

첫 번째는 소통하라는 것이다. 수다를 좋아한다면 커뮤니티 운영의 가장 중요하고도 충분한 자질을 갖춘 셈이다. 온라인에서든 오프라인에서든 누구를 만나도 자연스럽게 대화의 장을 열 수 있으면 된다. 아이가 어려서 혹은 집에만 있다 보니 밖으로 나가 사람을 만나는 것조차 부담스럽게 느껴진다면 온라인상에서 가벼운 수다를 떠는 것으로 시작해보자. 온라인으로 자신의 고민을 털어놓는다든가 일상을 공유하면 거기에 사람들이 반응을 하게 되고, 반응하는 사람들 중에서 혹은 같은 커뮤니티 회원들 중에서 마음이 맞는 사람들이 조금씩 보이기 시작할 수 있다. 그러면 그 사람들과 소통을 시작하고 인맥을 만들어가는 것이다. 그러다 점차 수다 떠는 것이 익숙해지면 오프라인으로 자리를 옮겨 서로의 눈을 맞대고 이야기하는 것이다. 아이와 함께 집에만 있는 것은 아이에게도 좋지 않을 뿐더러 엄마 자신의 인생에도 그다지 도움이 되지 않는다.

만약 아이를 집에서만 봐야 하는 상황이라면 비슷한 또래의 아이를 가진 엄마들을 집으로 불러 함께 시간을 보내는 것도 추천한다. 앞서도 말했지만, 엄마들의 수다는 그저 할 일이 없어서 시간을 때우는 행위가 아니라 앞으로의 사회생활을 준비하는 디딤돌임을 인식해야 한다. 이것이 바로 사회 재진출의 준비인 셈이다.

두 번째는 관심사가 비슷한 사람끼리 모이라는 것이다. 여행을 좋아하는 엄마들이 모이면 아이와 엄마가 함께하는 여행 프로그램을 만들 수도 있고, 커피를 좋아하는 엄마들이 모였다면 함께 커피를 마시러 다니는 것뿐만 아니라 커피를 활용

잘나가는 여자들에겐 커뮤니티가 필요하다

한 다양한 이야기가 오갈 것이며 그러다 보면 커피와 관련된 활동 아이템이 만들어질 수도 있다. 성인이 된 후 사회에서 마음에 맞는 친구를 사귀기가 쉽지 않다고 말하는 사람들이 있는데, 취미나 서로 좋아하는 공통 관심사가 있다면 얼마든지 좋은 관계로 지낼 수 있는 친구들을 사귈 수 있다. 그리고 혼자서 취미 활동을 할 때보다 여러 사람이 모여서 함께하면 더 다양하고 재미있는 아이디어로 취미 생활을 즐길 수 있기도 하다.

더 나아가 취미 생활을 하면서 사업으로 연결할 수 있는 아이디어가 생길지도 모르는 일이다. 그리고 여러 사람이 모이면 그중에 더 뛰어난 사람이 생기고 그 사람에게 배우며 한 단계 더 발전할 수 있다. 만약 내가 그중에 잘하는 사람이라면 자신이 강좌를 만들어 강사로 경력을 쌓을 수도 있을 것이다. 요즘 세상에는 회사에서만 일을 해서 쌓는 것만이 경력이 아니라 스스로 만들어가는 길이 경력이 된다. 노는 걸 좋아하는 사람들이 모여도 그 자체로 능력이 되는 세상이다.

세 번째는 생각만 하지 말고 실제로 행동하라는 것이다. 아주 작은 일이라도 실제로 해보는 습관을 들여야 한다. 머릿속에서만 '이것은 이래서 안 되고, 저것은 저래서 안 돼'라고 생각하는 건 스트레스만 받을 뿐 자신에게 전혀 도움이 되지 않는 비생산적인 일이다. 게다가 실행 없이 생각만 하다 보면 나중에는 진짜 하고 싶은 것이 있어도 두려움 때문에 시도조차 하지 못하게 된다. 어차피 한 번 사는 인생 해도 후회고 안 해도 후회라면 하고 나서 후회하는 편이 백번 낫지 않는가. 가만히 있으면 정말 아무런 일도 없이 지금처럼 쭉 살게 되는 것이다. 블로그를 하나 개설해서 매일 글을 하나씩 올리는 일을 해보고 싶다면, 진짜 그렇게 해보라. 아마 하루에 하나 포스팅하는 일이 얼마나 어려운 일인지 몸소 체험하게 될 것이다. 온라인에 글 하나 적는 것이 쉽다면 쉽고 어렵다면 어려울 수 있지만, 직접 해봐야 그것이 얼마나 대단한 일인줄 알게 되고 내가 하고 싶은 일인지 아닌지 판단할 수 있다.

집에만 있다가 오랜만에 사람들을 만나러 나온 엄마들도 처음에는 수줍어하고 쑥스러워서 자신이 하고 싶은 말도 제대로 못한 채 남의 말만 듣다가 집으로 돌아가는 경우가 많다. 생전 처음 보는 사람들과 만나 자기 소개를 하고 대화를 이어나가는 것도 자꾸만 해봐야 는다. 온라인에서 소통하다가 오프라인에서 만나면 커뮤니티에서 활동하는 닉네임을 소개하기도 하는데 그때마다 소위 손발이 오그라드는 경험을 하기도 한다. 그러나 자꾸만 자신을 소개하고 드러내면서 다니는 사람은 닉네임을 소개하며 손발이 오그라드는 그 시간을 유쾌하게 만들기까지 한다. 그러니 자꾸만 사람들을 만나보고 무언가를 시도해보는 것은 그만큼 나를 단련하는 소중한 시간이 된다.

네 번째는 절대로 아이를 위한 인생을 살지 말라는 것이다. 특히 엄마들은 자신이 이루지 못한 꿈을 아이가 대신 이루어 주었으면 하는 바람이 있다. 공부도 잘했으면 좋겠고, 친구도 잘 사귀었으면 좋겠고, 이래저래 만능이길 바란다. 그러나 실상 엄마는 그러한 공부나 변화를 싫어한다. 김미경 강사가 어느 엄마에게 "어머님은 꿈이 뭐예요?"라고 묻자 그 물음을 들은 엄마는 "제 꿈은 우리 아들 한의사 만드는 거예요."라고 했다고 한다. 그것이 어떻게 엄마의 꿈이 될 수 있는가. 그건 아이를 향한 엄마의 바람일 뿐이다. 아이를 위하는 마음과 자신의 인생을 아이에게 바치는 것은 완전히 다르다. 아이와 적당한 거리가 유지될 때 더 멋진 교육이 이루어진다.

다섯 번째는 평생 배우라는 것이다. 명언 중에 '내일 죽을 것처럼 오늘을 살고 평생 살 것처럼 배워라'라는 말이 있다. 요즘에는 조금만 살펴보면 공부할 수 있는 많은 콘텐츠와 자료들을 쉽게 찾을 수 있다. TV도, 책도, 인터넷도 나의 스승이 될 수 있다. 내일 죽을 것처럼 오늘 하루에 최대한 집중을 하고, 평생 살아갈 것처럼 배우는 자세가 중요하다. 사실 인터넷의 발달로 인해 관심만 있다면 해외에 나가지 않더라도 좋은 대학의 강의를 무료로 들을 수 있는 세상이 되었다. 지식의 문이 활짝 열려 있다는 뜻이다.

한국에서 나고 자란 한 여성이 가난을 극복하고 자신이 원하는 삶을 살고 싶어 미국으로 갔다. 여전히 나아지지 않은 밑바닥 생활로 몸과 마음이 힘들었지만 공부만큼은 포기하지 않았다. 그녀는 군인이 되기 위해 미 육군에 입대했고 여자로서 감당하기 힘든 훈련들을 견디며 드디어 한국인으로는 최초로 미 육군 장교가 되었다. 그녀는 마흔 세 살에 하버드대학교 석사 과정을 밟기 시작했고 쉰아홉 살에 하버드대 박사 학위를 받았다. 그녀는 바로 《나는 희망의 증거가 되고 싶다》의 저자 서진규 박사이다.

배우고 싶은 열망, 꿈을 이루고 또 전하는 사람이 되고 싶다는 마음이 그녀를 평생 배우게 만든 것은 아닌가 싶다. 늦은 나이라는 것도 없고 할 수 없는 공부라는 것도 사실은 핑계일 뿐이다. 도전하는 자에게는 늘 길이 열리기 때문이다.

잘나가는 여자는
이것이 다르다

스테디셀러인 《서른에서 멈추는 여자, 서른부터 성장하는 여자》의 작가 아리카와 마유미는 대학 졸업 후 바로 취업해 일을 시작했지만 그 어떤 직업도 3년 이상 버티지 못하고 사무직 사원, 마트 계산원, 유니클로 점장, 학원 강사, 카피라이터, 엔카 가수 매니저, 신문사 편집자, 사진작가 등 무려 47개의 직업을 전전했다. 다양한 직업을 접한 작가는 지금까지의 경험을 통해 부모님이나 학교 선생님, 직장 선배도 가르쳐 줄 수 없었던 삶의 의미와 성공에 대해 깨달았다. 그녀는 자신을 비롯해서 20대에는 사회로부터 인정받았지만 여자 나이 서른을 기점으로 정체되거나 앞으로 더 나아가는 사람이 나뉘는 것을 관찰하며《서른에서 멈추는 여자, 서른부터 성장하는 여자》를 기획하고 집필한다. 그녀 또한 어느 한 직업에 정착하지 못하고 기나긴 방황을 거쳐 38세에 비로소 작가의 길에 들어섰다. 그동안의 번민을 모두 털어버린 작가는 내는 책마다 베스트셀러가 되었고, 일본 직장 여성들에게 가장 선망 받는 멘토가 되었다.

누구나 처음 사회생활을 시작하면 모두 같은 출발선에 서 있다는 느낌이 든다. 그러나 몇 년이 지나고부터는 나와 다른 누군가의 차이가 생기기 시작하고 그 차이는 점점 따라잡을 수 없을 만큼 벌어진다. 그러면 또 다른 길을 찾아 떠난다. 인생을 살면서 자신이 무엇을 잘할 수 있는지 알지 못하면 이 같은 쳇바퀴가 무한 반복된다.

잘나가는 여자들은 자신이 무엇에 흥미가 있고 잘할 수 있는지를 어느 정도 알고 있다. 물론 처음부터 제대로 아는 사람은 그리 많지 않다. 여러 시행착오를 겪으면서 서서히 알아가는 것이다. 잘나가는 여자들은 자기 자신의 삶이나 미래에 대해 항상 생각하고 있으며 그것을 가족이나 주변 사람들에게 공유하고 협력하는 것에 대해 두려워하지 않는다. 삶에 대한 목표를 늘 머릿속에 그리고 있기에 실현되는 확률이 높아지고, 주변 사람들에게 자신의 비전을 알림으로써 기회가 찾아왔을 때 결정하고 행동하는 속도가 빠르다. 그러기 위해서는 언제나 자신에 대한 성찰이 필요

잘나가는 여자들에겐 커뮤니티가 필요하다

하고 다른 사람들과의 원만한 소통도 필요하다. 그리고 실행을 해야 할 결정적인 순간이 찾아왔을 때 약간 두려운 마음이나 망설임이 있더라도 적극적으로 실행해보는 추진력이 필요하다.

아리카와 마유미가 47개의 직업을 전전하며 꿈을 찾아다닌 것처럼 우리도 그러한 경험을 할 수 있어야 한다. 그저 머릿속으로 꿈만 꾼다고 이루어지는 것도 아니고, 경험해보기 전까지는 막연히 생각만 하던 일이 내 성향에 맞을지 아닐지 알 수도 없다. 그리고 잘나가는 여자들은 그렇게 꿈을 찾는 시간을 조급해하지 않는다.

> 꽃이 피는 시기는 꽃마다 모두 다르다. 자신의 일에서 필요로 하는 세월이 모두 다른 것처럼 말이다. 제일 먼저 핀 꽃이라고 해서 가장 아름답고 가장 훌륭한 것도 아니다. 그러니 나의 꽃이 조금 늦게 핀다고 위축될 필요는 없다. 단지, 자신의 길을 자신의 속도로 가면 된다. 일찍 피어난 꽃들을 부러워하면서 좌절하거나 시간 낭비하지 말고, 자신의 속도대로 피어나라.

자기계발 작가이자 칼럼니스트, 강연가, 컨설턴트 등 다양한 직업을 가지고 여성들의 자기계발과 자아실현을 돕고 있는 서정현 작가의 《잘나가는 여자 서른을 디자인하라》에서 저자는 모든 사람이 같은 속도로 살아갈 수 없고 자신만의 속도대로 인생을 살아갈 것을 요청하고 있다. 빨리 꿈을 찾고, 빨리 직업을 갖고, 빨리 돈을 벌고, 빨리 결혼하고, 빨리 애를 낳는 것이 성공한 삶은 아니라는 이야기이다. 오히려 속도보다는 방향을 강조하는 사람들도 많다. 책 제목으로도 유명한 '인생은 속도가 아니라 방향이다'라는 괴테의 명언처럼 잘나가는 여자들은 속도보다 방향에 더욱 집중한다. 속도가 아무리 빨라도 방향이 잘못되어 있으면 끝까지 가도 의미가 없다. 방향은 곧 목표, 비전이다. 속도는 조금 더디더라도 목표와 비전이 확고하다면 여유롭게 걷는 인생도 좋을 것이다.

남자에 비해 여자는 결혼, 출산, 육아를 거치면서 수많은 역할을 부여받고 그 사이에서 이리저리 치이다가 귀중한 시간을 흘려보낸 채 뒤늦게 자신의 삶을 살지 못한 걸 후회한다. 그러나 흔치는 않지만 주변의 잘나가는 여자들을 보면 이리 치이고 저리 치이는 그 순간 속에서도 자신의 길을 발견해낸다. 불평, 불만 속에서 사업 아이템을 발견했다는 어느 사업가의 이야기처럼 엄마들이 처한 바뀌지 않을 것만 같은 현실 안에서도 그녀들이 성장할 수 있는 기회는 분명히 존재한다. 그것을 발견하느냐 그냥 지나치느냐에 따라 여자의 인생이 잘나갈 수도, 못나갈 수도 있는 것이다.

사람들은 보통 기회가 어느 날 갑자기 나타나는 것이지 내가 찾아나서

잘나가는 여자들에겐 커뮤니티가 필요하다

는 것은 아니라고 생각한다. 하지만 사실 기회의 순간은 스스로 마음먹기에 달린 것으로 내가 먼저 끌어당기는 것이 가능하다. 그리고 기회는 눈 깜빡할 사이에 지나가므로 누군가의 제안이 왔을 때 즉시 그 일에 뛰어들 수 있어야 한다. 특히 여자들은 신중하게 생각하는 데 익숙하다. 그러나 그것이 꼭 좋은 것만은 아니다. "기회의 신은 앞머리밖에 없다"는 말이 있듯 기회가 왔을 때 잡아야지 뒤늦게 "나, 정말 하고 싶었어"라고 해봐야 아무 소용이 없다.

쓸데없는 우유부단함이나 걱정은 잘나가는 여자로 살아가는 데 발목을 잡는 가장 큰 요인이다. 잘나가는 여자들은 늘 자신이 하고 싶거나 이루고 싶은 것에 대해 생각하고 있으므로 기회가 왔을 때 망설이는 시간이 적다. 나도 커뮤니티를 운영하면서 여러 단체나 지역 사회로부터 정말 많은 제안들을 받곤 한다. 나에게는 아이들의 올바른 교육과 엄마들의 자아실현, 지역의 활성화 등 나만이 가진 확고한 꿈과 이상이 있기 때문에 들어오는 제안이 그것들과 부합하다는 판단이 들면 망설이지 않고 일을 진행한다.

또 한 가지 잘나가는 여자들의 특징은 주위 사람들과 소통하는 능력이 뛰어나다는 점이다. 이는 다른 사람들에게 호감과 신뢰감을 준다. 스스로 생각해보았을 때 내가 가진 장점 중에 하나가 바로 엄마들과 즐겁고 유쾌하게 소통하는 능력이다. 나이가 많든

적든 엄마들과 이야기하고 무언가 일을 꾸며 나가는 것은 내 적성에 잘 맞는다고 생각한다. '성격은 타고나는 거지'라고 생각하는 사람이 있을 수 있다. 그러나 상대방을 배려하려는 마음과 상대방의 좋은 점을 보려는 태도만 있다면 누구나 호감을 사는 여자가될 수 있다. 능력이나 실력이 아무리 뛰어나도 주변 사람들을 대하는 태도와 예의가 없다면 그 실력이나 능력도 따라서 반감되는법이다.

'어떻게 취급받느냐'
VS. '어떻게 생각하느냐'

남의 이목에 신경 쓰느라 현재 자신의 행복을 놓치는 실수를 범해서는 안 된다. 내가 아무리 잘 보이려고 애써도 나를 미워하고 싫어하는 사람은 반드시 있기 마련이니 미움받는 것을 두려워해서는 안 된다. 그 누구도 거울 속의 내 얼굴을 나만큼 오래 들여다보지 않기 때문이다. 남들 이목 때문에 내 삶을 희생하는 바보 같은 짓이 어디 있느냐는 저자의 주장은 일상의 인간관계에서뿐 아니라 페이스북의 '좋아요'나 트위터의 'RT(리트윗)'를 죽어라 누르며 '싸구려 인정'에 목매어 사는 사람들이라면 모두 귀담아 들을 만하다.

2014~2015년 최고의 베스트셀러로 불리는《미움받을 용기》

에 나오는 글처럼 모든 사람에게 사랑받을 수는 없다는 것은 인정해야 한다. 모두에게 인정받고 싶어서 이리저리 흔들리다 보면 내 인생은 사라지고 주변에 대한 원망만 남는다. 이는 한 개인의 문제를 넘어서서 커뮤니티 모임을 운영할 때도 마찬가지이다. 모임 안의 사람들과 생각을 공유하고 조정하는 과정을 거쳤다면 합심하여 모임을 잘 유지하는 데 신경을 써야지 남의 이목을 신경 쓰다 보면 모임의 주관을 이어나갈 수 없게 된다.

사실 큰 커뮤니티를 운영하다 보면 다른 단체, 지역 언론으로부터 엄청난 주목을 받는다. 그런 단체나 언론들과 협업을 하거나 지역의 좋은 일을 함께 만들어가는 것은 좋지만, 일부 몇몇 단체에서는 엄마들이 모인 커뮤니티를 자신들의 입맛에 맞게 이용만 하기도 한다. 엄마들이 모인 커뮤니티에 좋은 의도로 접근했는지, 자신들의 필요에 의해 접근했는지 운영자가 면밀히 검토해야 하고, 만약 그 제안을 받아들이지 않기로 했다면 돌아설 지역 단체나 언론의 후폭풍을 두려워해서는 안 된다. 간혹 그들의 칭찬만을 듣고 싶어서, 커뮤니티의 이미지 관리 때문에 엄마들의 소중한 인력을 낭비하는 일이 발생하는데 그런 일은 개인적으로 참 안타깝다고 생각한다. 지역을 위해 혹은 특정 단체에서 하는 의미 있는 일에 봉사를 하는 것이 인력 낭비라는 말은 아니다. 다른 곳에서 우리 커뮤니티를 어떻게 취급하든지간에 모임이 단단하게 뭉

잘나가는 여자들에겐 커뮤니티가 필요하다

쳐 있고 확실한 주관이 있다면, 또 그 주관이 많이 연구하고 토론하여 개방적인 과정을 통해 의견을 모은 것이라면, 그때부터는 모임 자체가 힘이 되기 때문에 다른 이목은 신경 쓸 필요가 없다.

나도 한때 엄마들의 사업을 지원하는 오픈마켓 사업으로 인해 지역 언론의 뭇매를 맞은 적이 있다. 모임에서는 그 사업을 하게 된 계기와 목표가 뚜렷했기 때문에 지역 언론에서 공격을 받았어도 모임 내에서는 더 큰 지지를 받았다. 하지만 처음에 사업을 시작할 때는 좋은 취지라며 우리의 모임을 응원하던 단체들이 우리 모임이 커지고 힘이 강해질수록 본인들의 입지가 위험해질까 두려워 예의주시하기 시작했다. '사촌이 땅을 사면 배가 아프다'는 말처럼 처음에는 그냥 '별 볼 일 없는 아줌마들이 모여서 뭐 좀 하려나 보다' 하고 지켜보다가 뭔가 생각보다 잘나가거나 사업적으로 수익을 내니 시기와 질투 본능이 발동하는 것이다. 그들의 눈에는 엄마들이 모여 돈을 버는 일이 그렇게도 아니꼽게 보였던 것일까. 지역의 한 언론사에서는 한 발 더 나아가서 엄마들이 돈을 버는 것을 마치 불법이라도 저지르는 양 편협한 관점으로 바라보는 기사들을 쏟아냈다.

또한 순수하게 봉사만 하는 커뮤니티를 우리 커뮤니티와 비교하며 한쪽으로 치우친 기사만을 쓰기 시작했다. 봉사만 진행하는 커뮤니티는 신문사의 사업을 방해할 일도, 강력한 영향력으로 입지를 위협할 일도 없기 때문에 칭찬해주면 칭찬해줄수록 계속 봉사활동만을 진행하게 되니 일부러 기사 한두 개로 그들을 더욱 띄워주는 것이었다. 그리고 그 언론의 힘에 장악된 커뮤니티는 엄마들의 소중한 인력을 봉사만 하는 데 투입하게 되었다. 추후 알려진 바에 의하면 그 언론사는 실제로 온라인 커뮤니티를 장악하고자 했고, 그중에서 가장 만만한 맘 카페를 노리고 있었다고 한다.

봉사활동이 나쁘다는 뜻이 아니다. 우리 커뮤니티에서도 기부나 봉사활동에 적극적으로 참여하고 있다. 다만, 내가 우려하는 것은 다른 단체의 입맛에 맞추다 보면 커뮤니티의 회원과 운영진이 이용만 당할 수 있다는 점이다. 엄마들이 자아실현을 하고 경제적인 성과를 만들어나갈 수 있는 시간에 남들의 이목을 위한 봉사활동에만 치중한다는 것은 어찌 보면 인력 낭비나 다름없다. 엄마들의 모임은 기존에 있는 단체들을 위협하는 존재가 아니다. 엄마들의 모임은 충분히 서로 협업하여 새로운 것을 만드는 모임이 될 수 있다. 엄마들이라고 해서 시간이 귀중하지 않은 것이 아니며 무조건적인 희생과 봉사를 강요하는 것은 옳지 않다. 가정에서뿐만 아니라 사회에서조차 여성들의 능력을 무시하는 처사로밖에 보이지 않는다. 단체나 기관들도 마찬가지다. 엄마들이 시간과 경제적인 노력을 들여 일을 해주거나 봉사를 하면 고마워하기는 커녕 '공짜 인력'이라고 생각하며 자신들의 일까지 커뮤니티에 떠넘기는 사례도 많다.

물론 엄마들이 봉사를 하면서 대가를 바란다는 말은 아니다. 내 이야기의 요지는 맘 커뮤니티를 공짜 인력으로 치부하는 기관 및 단체와 이에 응해주면서 자신들의 노력과 시간을 무료로 바치고 이미지만을 챙기는 일부 맘 카페의 행태가 문제라는 말이다. 그런 활동이 얼마나 지속될 수 있을지도 의문이다.

이제는 남에게 봉사를 하더라도 나에게 도움이 되는 활동으로 만들 수 있어야 한다. 봉사활동에 참여했지만 엄마들이 사회에 재진출하는 데 자신감을 얻을 수 있어야 하고, 그것으로 인해 나중에 사업까지 구상할 수 있어야 한다. 우리는 적어도 그렇게 될 수 있도록 봉사나 기부 활동을 하고 있다. 예를 들어, 뜨개 기부 모임이라면 뜨개를 정기적으로 하면서 조금씩 뜨개에 대한 자신감을 갖게 하고, 뜨개를 하는 시간이 너무나 즐겁고 행복하다면 뜨개 강사로 활동할 수 있게 뜨개 수강을 지원한다. 뜨개 자격증을 취득하면 그 후에는 재능기부의 형태든 약간의 돈을 받은 강사로서 활동할 수 있도록 돕는다.

남을 돕기 전에 나부터 바로 서야 한다는 것이 내가 주장하는 바다. 세상은 어찌어찌 흘러갈지 몰라도 나 자신만 바로 설 수 있다면 세상에 휘둘리지 않는

무게를 가질 수 있다. 무분별하게 커뮤니티의 이미지만 생각해서 남들에게 잘 보이려는 활동만 하려고 들면 발전도 없을 뿐더러 성취감도 없다.

커뮤니티가
여자를 리더로 만든다

　　　　세계적인 뇌의학자 다니엘 G. 에이멘 박사는 특히 여성의 뇌가 가진 힘과 그 힘을 최대한 발휘하며 사는 법을 《여성의 뇌는 힘이 세다》라는 책에서 설파하고 있다. 그 자신이 여성이 많은 집안에서 태어나 가정과 사회에서 '뇌가 영리한' 여성으로 하여금 현명하고 긍정적인 변화가 일어나는 것을 몸소 경험했기 때문이다. 우리가 흔히 '엄마가 행복해야 가정과 사회가 건강하고 행복하다'는 말을 하는 것이 그냥 말뿐이 아님을 증명한 셈이다. 실제로 여성은 남성에 비해 무언가를 전달하는 파급력이 크다고 한다. 에이멘 박사는 수십 년간 뇌를 연구하고 환자를 치료하는 과정에서 시행한 수많은 임상 사례들을 통해 이 같은 사실들을 입증했다. 가정과 직장, 지역 사회에서 건강을 챙기고 좋은 변화를 주도하는 것은 여성이며, 어머니가 건강하면 다른 식구들까지 몸과 마음이 건강한 경우가 많았고, 여성이 리더인 조직은 직원들의 실적, 업무성취도, 환경만족도가 월등히 높았다고 한다.

> **여성은 천부적으로 공감 능력이 탁월하다. 다른 사람의 입장에서 어떻게 생각하고 느끼는지 파악해서 적절히 반응하는 것을 중시하고, 상대의 행동을 예측해 우호적인 감정적 관계를 세우는 데 능하다. 이 같은 능력은 여성이 사회생활에서 리더의 역할을 맡아 갈등을 해결하고 합의를 이끌어낼 때, 구성원들을 격려해 잠재력을 발휘하게 할 때 큰 도움이 된다.**

커뮤니티를 운영하다 보면 갈등과 분쟁이 일어날 것 같은 분위기가 조성되는 경우가 있다. 이때 양편의 이야기를 토대로 운영자가 중재자 역할을 해야 그 갈등이 더욱 커지는 것을 막을 수 있다. 에이멘 박사의 말처럼 여성들에게는 공감 능력을 통한 중재자로서의 본능과 대화를 통해 합의점을 찾는 데 뛰어난 능력을 가지고 있다. 그래서 커뮤니티를 운영하는 데 있어서는 남성보다 여성이 리더로서 더 적합하다고 생각한다. 또한 분노와 공격성에 관여

잘나가는 여자들에겐 커뮤니티가 필요하다

하는 뇌의 전전두피질이 남성보다 여성이 더 크다는 점에서도 여성은 자기 통제력이 있고, 성실하며 계획적이고 인내를 잘 한다. 이 같은 성향은 커뮤니티를 운영하는 데 정말 중요한 요소들이다. 태생적으로 여성이 가진 이러한 능력들이 커뮤니티를 통해 가장 잘 나타나고 부각된다는 점에서 여성의 커뮤니티 운영은 권장할 만하다고 생각한다.

내가 여성들에게 커뮤니티로 다양한 사업을 할 수 있고, 커뮤니티를 통해 자아실현을 할 수 있다고 강조하는 것에는 나름대로의 이유가 있다. 여성, 특히 엄마들은 커뮤니티와 떼려야 뗄 수 없는 관계에 놓여 있기 때문이다. 엄마들이야말로 사회에서 동떨어질 수 없는 존재이다. 가정을 돌보고 아이를 키우려면 여러 가지 정보가 뒷받침되어야 하고 그 정보들은 혼자서는 얻을 수 없는 경우가 대부분이다. 또한 엄마들이 커뮤니티 활동에 적극적인 이유 중에 하나는 '아이를 키우고 있기 때문'이다. 아이에게 친구도 만들어 주면서 올바른 사회성을 길러줘야 하기 때문이다. 엄마가 무언가를 할 때는 그냥 하는 법이 없다. 모두 나름대로 이유가 있고 필요가 있기 때문이다.

다른 커뮤니티를 운영하는 여성들을 관찰해봤을 때도 마찬가지이다. 자기 혼자만 잘되려는 사람은 거의 본 적이 없다. 커뮤니티 안에 함께하는 회원들과 '어떻게 하면 서로 도움이 되는 일을 할 수 있을지' 고민한다. 지극히 엄마의 마음인 것이다. 무언가를 잘하는 사람이 있으면 뒤처지는 사람을 돕게 하고, 커뮤니티를 통해 돈이 벌리면 그것을 기꺼이 내놓으며 기쁨을 나눌 줄도 안다.

> **여성의 뇌에서 전측대상피질은 무척 활발하게 돌아간다. 이 부위는 다 방면에 주의를 기울이게 하고 실수를 금방 알아차리게 해준다. 자연스 럽게 여성은 주변의 상황을 걱정하거나 문제점을 미리 파악하려고 애 쓴다. 이 같은 성향으로 여성은 자신의 건강을 잘 돌볼 뿐 아니라, 가족 과 사랑하는 사람들을 안전하게 지켜낸다. 나아가 인간관계를 원만하 게 유지하고, 업무상 위기 및 문제를 빠르게 포착하여 수습하는 데 능 하다.**

에이멘 박사의 말처럼 여성은 자신뿐만 아니라 자신이 속한 주변을 돌보고 살피는 데 능하다. 그런 성향은 맘 커뮤니티 안에 서도 고스란히 드러난다. 누군가 안 좋은 일을 당하면 마음을 모 아 진심으로 걱정하고 적은 금액이지만 모아서 기부를 한다. 또 누군가 좋은 일을 겪으면 그 사람이 누군지 모르더라도 자신의 일 처럼 기뻐하고 축하해준다. 여성의 이런 성향이 있기에 커뮤니티 를 운영하는 것이 즐겁고 힘이 난다. 그리고 여성은 남성에 비해 대체적으로 조심성이 많다. 나는 이것이 소극적인 태도라기보다는 모든 일에서 더욱 신중하게 대처할 수 있고, 무작정 돌진하기보다는 차근차근 계획을 세우고 진짜 할 수 있는 일들만 벌이는 여성들의 강점이라고 생각한다. 그래서 실수와 손해를 미리 예측하고 방지할 수 있는 것이다.

실제로 여성의 뇌는 거의 쉬지 않는다고 한다. 많은 여성들이 첫아이를 낳고 나서 수면 패턴이 급격히 변화하는 것도 이제 누군가를 책임져야 한다는 의무감을 뇌가 과하게 받아들이기 때문이라고 한다. 그만큼 책임감이 높고 매사 신중하다는 뜻이다. 이는 다른 동물에게서도 관찰할 수 있는 모습이다. 새끼를 낳은 어미는 늘 자신과 새끼의 안전에 온 촉각을 곤두세운다. 주위의 상황을 늘 경계하고 주변에서 시시각각 변화하는 정보를 받아들인다. 그리고 그런 주위의 환경이 자신과 아이의 생존에 어떠한 영향을 미치는지 늘 분석한다. 사람도 마찬가지다.

예부터 한 동네에 사는 엄마들은 시간이 날 때마다 모여 자녀들 교육이니 농사일, 집안일 등을 서로 공유하고 함께 도우며 살아왔다. 지금이야 아파트 옆집에 누가 사는지도 모를 만큼 서로에게 무관심하게 되었지만, 사람은 언제나 늘 그렇듯이 혼자서는 살아갈 수 없다. 누군가와 지속적으로 교류를 해야 하며 동네가 어떻게 돌아가는지 관심을 가져야 한다. 요즘 시대에는 커뮤니티가 바로 그 역할을 대신하고 있다. 매일 집 앞에서 얼굴 보며 마주치지 않더라도 온라인에서 매일 만나는 것이다.

점점 사회가 개인주의화 되어 갈수록 공동체에 대한 사람들의 갈증은 더욱 커질 것 같다. 그런 의미에서 커뮤니티 사업은 앞으로 더 확장될 것이라 생각한다. 꼭 엄마들의 모임이 아니더라도 취미, 관심사, 운동, 사업 등 여러 방면에서 커뮤니티는 활발하게 생겨날 것이다. 커뮤니티는 이제 더 이상 특이한 사람들이 모이는 공간이 아니며 모이는 이유, 드러내고자 하는 가치 등에 따라 자유롭게 선택하여 활동할 수 있다. 그리고 앞서 설명한 대로 이런 커뮤니티를 이끄는 리더로 성장하기에 여성은 아주 적합한 DNA를 가지고 있다. 어쩌면 커뮤니티가 더욱 활발히 생겨날수록 더 많은 여성이 리더로서 자신의 역량을 마음껏 펼치며 살아갈 수 있는 세상이 오지 않을까 생각한다.

잘나가는 여자들에겐 커뮤니티가 필요하다

잘나가는 여자들에겐 커뮤니티가 필요하다

2000년에 설립된 여성 포털 서비스 사이트 '마이클럽'은 정식 서비스를 시작한 이후 4개월여 동안 회원 수 300만 명 돌파, 페이지뷰 210만, 국내 최장 사이트 방문 시간 기록 등 엄청난 파급력을 가진 커뮤니티로 성장했다. 지금도 운영되고 있는 여성 전문 커뮤니티 사이트이다. 설립 당시에는 후발 주자였다고 하지만 개설 4개월 만에 이런 성과를 낸 데에는 그만한 이유가 있었을 것이다.

커뮤니티의 장점은 공통된 철학이 있기 때문에 정보의 교환을 넘어서서 좋은 부모가 되기 위한 코칭을 서로 나눌 수 있다는 것이다. 이 시대 대한민국에서 엄마로 산다는 것이 얼마나 어려운 일인가? 엄마가 자

기중심성을 갖고 그것을 지켜가기 위해서 커뮤니티에 속하거나 만드는 것은 절실한 문제가 아닐 수 없다. 그리고 커뮤니티에 당당히 요구해도 좋다. 엄마들의 고민에 귀를 기울이라고 말이다. 엄마들의 '생활 고민' 과 '생활 연대'가 결국 세상을 변화시키고 말 것이기 때문이다.

엄마들이 모인 커뮤니티의 필요와 장점에 대해 이토록 짧고 굵게 설명한 문구는 없을 것 같다. 이 글은 마이클럽에서 활동하는 회원들 중에서 자녀 교육에 관심이 있는 엄마들이 모여 수다를 떤 내용을 《아이도 엄마도 행복해지는 30대 엄마의 사교육 다이어트》라는 제목의 책으로 펴낸 것인데, 아이를 잘 키우기 위해 엄마들이 얼마나 많은 고민을 하고 사교육으로부터 자유로운 아이로 키우기 위해 엄마들이 어떤 노력을 하고 있는지를 가감 없이 보여주고 있다. 거기다 커뮤니티 활동이 엄마들에게 어떤 긍정적인 영향을 주는지에 대해서도 많은 공감을 하게 된 책이다.

요즘 맘 커뮤니티는 엄마들 개인은 물론, 내가 살고 있는 지역 사회에까지 그 영향력을 행사하는 경우가 많아졌다. 즉, 앞서 살펴본 책에서 언급한 것처럼 '생활 고민'과 '생활 연대'를 엄마들 스스로 동시에 해결해나가고 있는 셈이다. 인터넷 커뮤니티는 오프라인으로 나와 사무실을 만들고 영리사업과 비영리사업 등 여러 사업을 벌이며 그 규모를 점차 키우기도 한다. 또한 지역 현안에 대해 일일이 관심을 가지고 경찰서나 자치단체, 사회복지관 등과 협업하여 다양한 지역 내 문제를 해결하기 위해 힘쓴다. 각 단체들과 주기적으로 간담회를 갖거나 지역 내 문제를 함께 고민한다. 개인과 지역이 서로에게 끊임없이 긍정적인 영향력을 전파하는 것이 마을공동체의 진정한 의미가 아닐까. 그런 의미에서 요즘 맘 커뮤니티는 개인의 힘을 모아 지역 사회에 공헌하고 함께 성장하는 방법을 연구하는 성향이 강해지고 있다.

커뮤니티를 엄마들에게 있어서 나와 내 아이, 우리 가정을 지탱하는 하나의 '산소 호흡기'에 비유하면 과장일까? '아줌마들 모여 있는 카페가 무슨 산소 호흡기까지…….'라고 생각할지 모르지만 가만히 생각해보면 엄마들의 삶을 숨 쉬게 해주는 것이 커뮤니티가 아닐까 하는 생각이 든다. 나에게도 커뮤니티는 그런 의미였다.

결혼해서 낯선 도시에 정착하게 되면 제일 처음 찾아보는 것이 지역 커뮤니티다. 나도 처음 연고도 없는 김포에 이사와 정착했을 때 가장 처음으로 알아본 것이 지역 맘 카페였다. 새로운 도시에 대한 정보를, 이미 이 도시에서 몇 년간 살아가면서 경험한 이야기에서 얻을 수 있다. 임신을 하고 나서는 어떤가. 임신 중 나타나는 증상들이 남들도 경험한 것인지 임신 선배 엄마들로부터 조언을 구할 수도 있고, 각종 병원 정보와 내가 모르고 있던 국가의 혜택 등을 검색만으로 이미 경험해본 엄마들로부터 간단히 얻을 수 있다. 출산을 준비할 때도 어떻게 하면 조금은 더 수월하고 건강하게 아이를 낳을 수 있는지 사람들을 일일이 다 만나 듣지 않고도 알 수가 있다. 가끔 이 낯선 도시에서 외로움을 느낄 때면 마음에 맞는 친구들을 찾아 나설 수도 있는 곳이 지역 맘 커뮤니티다.

아이를 낳은 후, 엄마들은 오히려 더욱 커뮤니티 활동에 매달려 활력을 찾곤 한다. 집에서 아이만 키우고 있다 보면 힘에 부치고 답답함이 턱밑까지 솟구친다. 그럴 때 나와 비슷한 연령의 아이를 키우는 엄마들을 만나 함께 아이 키우는 이야기를 하다 보면 다시금 생활의 활력이 생기고, 나만 이렇게 힘들고 답답한 게 아니구나 하는 위로를 받을 수 있다. 아이가 자라서 어린이집이나 유치원, 학교, 학원 등을 다니게 됐을 때도 커뮤니티는 엄마들의 충실한 조언자가 되어 준다. 아이들이 어느 정도 성장하고 나서는 엄마 자신을 위한 커뮤니티 활동이 시작된다. 같은 취미, 같은 운동, 같은 스터디를 하기 위해 모이는 것이다. 여성의 삶에서 아주 많은 부분을 차지하는 것이 바로 이 커뮤니티 활동이라 할 수 있다.

특히나 엄마들이 지역 커뮤니티에 관심을 가지고 적극적으로

잘나가는 여자들에겐 커뮤니티가 필요하다

활용할 수밖에 없는 이유는 바로 '지역'이라는 기준 때문이다. 아무래도 아직까지는 사회적으로 엄마가 아이를 키워야 한다는 통념이 있고, 아빠보다는 엄마가 아이의 양육과 교육을 책임지고 있다 보니 엄마가 일을 하더라도 지역 내에서 해야 하고, 아이 또한 지역 내에서 키워야 하기 때문이다. 그러려면 해당 지역에 대한 정보에 예민하고 민감해져야 한다.

요즘에는 지역 맘 카페가 친목이나 정보 공유 외에 엄마들이 꿈을 찾고 실현하는 곳으로 다시금 활기를 띠고 있다. 출산한 엄마들의 사회 재진출이 힘들다는 것은 정부도 인정하고 있지만 이렇다 할 정책이나 방향에 대한 이야기는 거의 나오지 않고 있는 실정에서 엄마들의 재취업이나 자아실현을 위해 맘 카페가 발 벗고 나선 것이다. 엄마들은 시간이나 경제적인 이유로 무언가를 새로 배우거나 익히기가 어렵다. 그러나 맘 카페에서는 회원이 관심이 있는 분야이면 무엇이든 배울 수 있도록 적극적으로 자리를 마련하고 있어 이러한 문제를 해결할 수 있다.

실제로 맘 카페 협동조합에서 제품을 만들어 팔던 엄마는 주문이 늘어나자 가게를 구하고 직원까지 고용하면서 사업으로 발전시켰다. 또 다른 맘 카페에서는 회원이 만든 떡볶이가 너무 맛있어서 카페에서 벼룩시장을 하면 15분 만에 400여 개가 팔려나

갈 만큼 인기가 좋아 그 떡볶이 레시피대로 제품을 만들어 소셜 커머스에 입점하게 된 사례도 있다. 처음에는 허름한 가게에서 동네 장사로 시작했으나 지역 맘 카페의 반응이 폭발적이라 거기에 자신감을 얻고 전국적으로 떡볶이를 판매하는 사업체로 만든 것이다.

이렇듯 잘나가는 여자가 되고 싶다면 커뮤니티를 잘 활용하라. 여자가 잘나가기 위해서도 커뮤니티가 필요하지만, 잘나가는 여자가 되고 싶거든 커뮤니티를 만들거나 커뮤니티에 적극적으로 참여하라. 커뮤니티는 여자를 꿈꾸게 하고 그 꿈을 현실로 만들어주는 공간이자 생활 그 자체이기 때문이다.

다른 단체와의 협업

우리는 2015년에 김포시에서 마을교육을 진행하는 꿈의 학교, 환경 교육 단체, 사회적 기업과 함께 마을교육공동체 잔치인 '뭉쳐'를 진행했다. 이 행사에서 한아름 맘 카페는 벼룩시장을 맡았는데 여느 곳에서 이루어지는 벼룩시장과는 달리 아이들이 주체적으로 참여하는 행사였으며, 각 단체가 맡은 부분을 훌륭하게 해내 성황리에 마칠 수 있었다.

꿈의 학교와 사회적 기업에서는 공연을 진행했고, 환경 교육 단체에서는 '어린이 경제 · 환경 골든벨'을, 우리 커뮤니티에서는 '어린이 경제나라 벼룩시장'을 준비했다. 어린이 경제나라 벼룩시장에 입국하게 되면 사업자등록증을 발급하고 아이들이 준비한 중고물품이나 자신이 시장에서 사 온 상품을 판매해 종이돈으로 교환을 하며, 그것을 다시 교환할 때는 10%의 세금을 내고 그것을 기부하는 행사였다. 아이들은 이 행사를 준비하기 위해 부모님과 함께 최고경영자나 재무책임자 등을 정하고, 어떤 물건을 팔지 구상하고, 상점 이름을 정하여 간판을 제작하고, 마케팅을 어떻게 할지 논의하는 과정에서 사업가가 되어 보았다. 김포서초등학교에서는 반 전체가 참여해 이 행사를 위해 반 전체가 논의하는 과정을 거쳤다고 하며, 아이들은 이 준비 과정에서 많은 것을 배웠다고 한다. 또한 중·고등학생 자원봉사자들을 미리 교육을 시켜 벼룩시장에 참여한 어린이들을 돕도록 했다. 벼룩시장뿐만 아니라 공연도 열려서 즐길거리도 있었고, 골든벨도 마련되어 정말 알차고 즐거운 행사를 만들 수 있었다.

만약 '우리 커뮤니티만 혼자서 진행해야지' 하면서 다른 단체와의 협업에 대해 거부감을 갖고 있었다면, 시민들이 즐거워하는 이런 행사는 못했을 것이다. 개인도 그렇지만 단체들도 각자 잘할 수 있는 부분이 있고 전문 분야가 있는데 자신들만 잘났다고 다른 단체와 협업하지 않는다면 발전하기 힘들다. 하나의 전문가보다 여럿이 모여서 발휘하는 집단지성의 힘은 강하다. 이는 개인에만 적용되는 얘기가 아니라 단체에도 적용된다.

사람들이 모여 있는 커뮤니티는 다른 커뮤니티 외에도 지방자치단체나 경찰서, 정부나 시의 산하기관, 각종 재단이나 협회, 언론사 등과 다양한 협업을 할 수 있다. 사실 사람들이 많이 모이고 커뮤니티가 커질수록 운영하는 사람들의 마음은 자부심이 커져 자만심으로 변하게 되고 '우리' 단체만 잘나가길 바라며 다른 단체는 무시하거나 과도한 경쟁을 하는 경우가 있다. 특히 몇 만 명이 모인 온라인 카페의 경우는 무서울 것이 없는(?) 단체가 되어 지역의 소규모 업체들을 죽이고 살리기도 하며, 그 힘을 이용해 협박 아닌 협박을 하는 회원이나 운영자도 있다. 그러나 안목을 넓혀 내가 속한 지역뿐만 아니라 우리나라, 아시아, 세계의 기준으로 볼 때, 우리 커뮤니티는 정말 소수의 인원이 모인 커뮤니티에 불과하다. 여전히 배울 것은 많고, 우리보다 일을 잘하거나 훌륭한 마음을 갖고 있는 사람들이 많다는 겸손의 마음을 가져야 한다. 이런 마음가짐이 되면 다른 단체들에게서 함께 의미 있는 일을 해보자는 제안이 왔을 때, 긍정적이고 오픈된 마인드로 일을 진행할 수 있게 된다. 우물 안 개구리가 아니라 다양한 단체들과 많은 일을 해봤을 때, 나나 우리 회원들에게 좋은 기회가 올 확률은 당연히 더 높아질 수밖에 없다.

기업에서는 규모를 키우기 위해 M&A(인수합병)를 많이 활용한다. 단체도 기업과 마찬가지로 다른 단체들과의 협업을 통해서 부족한 부분을 서로 보완할 수 있다. 사실 앞부분에서 내가 계속 말했던 여자들에게 보내는 사회의 시선이나 인식들은 여자들이 뭉쳐서 개선해야 하는 부분인데, 질투나 시샘이 많은 여자들이 뭉치기란 쉽지 않다. 이제는 오픈마인드로 다른 단체들과의 협력을 통해서 사회에 만연해 있는 나쁜 풍조나 뿌리 깊이 박혀 있는 인식들을 개선해보는 것은 어떨까.

에필로그

커뮤니티를 만들고 운영하면서
정말 느끼고 배운 점들이 많다. 그 많은 일들을 이 책 한 권에 모두
녹여내기는 힘들지만 나의 이야기를 통해 많은 엄마들이 커뮤니
티와 함께 나와 같은 치유의 과정을 경험해보기를 바라는 마음에
서 이 책을 쓰기로 마음먹었다.

지역 커뮤니티인 이른바 맘 카페는 점점 지역 공동체가 희미
해져가는 시점에 등장해 지역 엄마들을 다시금 똘똘 뭉치게 해주
었다. 많은 엄마들이 모여 지역 내 없어서는 안 될 소중한 정보들
을 만들어냈고 지역 내에서 좋은 일들, 안 좋은 일들을 함께 공유
하며 울고 웃었던 것이 내가 운영하고 있는 커뮤니티의 모습이다.

어쩌면 단순한 커뮤니티가 아니라 우리가 살아가는 그 모습 그대로가 커뮤니티에 고스란히 드러나는 게 아닌가 싶다.

요즘 엄마들에게 지역 커뮤니티는 생활, 투쟁, 자아실현의 모든 의미가 담긴 곳이다. 눈만 뜨면 스마트폰으로 제일 처음 방문하는 곳, 정보를 얻고 싶으면 찾아가게 되는 곳, 뭔가 필요한 것이 있거나 무언가 필요 없어진 것이 있으면 서로 주고받는 곳, 친구를 사귀고 싶으면 생각나는 곳, 하소연하고픈 일이 생기면 나도 모르게 글을 쓰고 있는 곳, 아이가 낮잠 자는 귀중한 시간에도 들여다보게 되는 곳, 정치적·사회적인 사건에 다함께 분노하고 안타까운 일에 기꺼이 힘을 모으는 곳, 배우고 싶은 모든 것을 배울 수 있는 곳, 모르는 게 있으면 제일 처음 물어보게 되는 곳…….

나 또한 지역의 이름을 걸고 운영하는 커뮤니티이기에 당연히 지역 사회에 봉사하고 공헌해야 한다는 마음을 가지고 있지만 무엇보다도 이 지역에 있는 엄마들이 행복해야 한다는 생각으로 늘 고마운 스태프들과 즐거운 이벤트, 재미있는 행사를 기획하고 꾸미려 노력하고 있다. 그리고 나의 비전에 공감해주고 내가 원하는 일들을 실제로 이루게 해주는 한아름 카페의 회원들이 있어 사는 것이 의미 있고 가치 있다고 여겨지는 요즘이다.

이 책은 내 안에 쌓인 분노에서부터 출발했다고 밝힌 바 있다. 그러나 글을 모두 마무리하는 이 시점에서 내 안의 분노는 또 다른 희망과 기대로 바뀌었음을 고백한다. 혹여나 내가 이 책을 통해 내 안에 분노를 모두 발산하지 못했다고 해도 그것은 내 안에 남아 다른 일을 하는 원동력이 될 것임을 알고 있다.

나는 내가 이런 일을 하게 될 것이라고 전혀 상상해본 적이 없다. 아이가 있기 전까지 공부를 하고, 일을 하는 여자였기 때문에 엄마들의 생활에 대해 잘 몰랐고, 엄마들이 모여서 단체 행동을 하거나 엄마들이 커피숍에 모여서 아이 성적 얘기만을 늘어놓는 걸 보면, 그들의 모임 자체가 너무 강력한 것 같아 약간은 두려우면서도 우려를 했던 것도 사실이다. 아마 엄마들의 세계(?)에 들어와 보지 않은 사람들은 예전의 나처럼 색안경을 끼고 보는 사람들이 대다수일 것이다. 미디어에 나오는 얘기는 대부분 부정적이고 자극적인 내용을 다루고 바람직한 일 등은 많이 다루지 않기 때문에 이런 커뮤니티에 대한 일 자체를 부정적으로 바라보고 부담스러워하는 사람들이 있을 수도 있다. 하지만 커뮤니티의 긍정적인 부분은 분명히 아주 많으며, 많은 사람들이 그것을 인식할 때 커뮤니티들이 더 바람직하게 나아갈 것이라고 믿는다.

지금도 같은 지역을 토대로 하는 커뮤니티끼리 서로 미워하고, 헐뜯고, 소모적인 경쟁을 하는 곳이 많다. 당연히 경쟁 관계라고 느끼는 사람들에게 좋은 감정을 갖기는 힘들겠지만 좀 더 크

잘나가는 여자들에겐 커뮤니티가 필요하다

게, 좀 더 멀리 바라보면 결코 다툴 이유가 없다는 것을 알게 되리라 생각한다. 우리가 싸워야 할 대상은 같은 엄마들이 아닌 기존 사회의 인식이다. 어떤 단체나 기업, 기관은 (그것이 국가 기관이라고 할지라도) 이렇게 일반 시민 또는 소비자인 여성들이 똘똘 뭉쳐서 한 목소리를 내는 것을 좋아하지 않기도 한다. 이미 잘 정착된 기득권층은 새로운 단체가 형성되어 영향력을 행사하는 것이 불편한 것이다. 기존에 해왔던 관행을 유지하기도 힘들 뿐더러 때로는 경제적 손실을 입기도 하기 때문이다. 우리는 이런 기득권 세력이 만든 너무나 당연시되는 잘못된 풍조(예를 들면, 소비자를 우롱하는 기업이나 시민들의 세금을 말도 안 되는 곳에 쓰는 행정, 국가 보조금을 허튼 곳에 쓰는 단체, 또 아동 폭력이나 성범죄, 잘못된 직장 문화 등)와 싸워야 한다.

언젠가는 내가 운영해본 경험을 토대로 커뮤니티에 관한 책을 써보겠노라 결심했었지만, 사실 그 시기가 지금은 아니었다. 대학원 졸업 논문으로 눈코 뜰 새 없이 바쁘고, 설립한 지 얼마 되지도 않은 법인 2개는 아직 제대로 세팅조차 되어 있지 않다. 아이마저 어려 손이 많이 간다. 이런 상황에서 책을 쓰기란 정말 쉽지 않았다. 아이 낳고 몇 년간 제대로 푹 자보지도 못한 상황에서 공동 저서와 개인 저서 원고를 썼고, 졸업 논문과 학회 투고 논문을 썼다.

그러면서 법인 2개의 사업을 진행하며 커뮤니티를 운영했다.

이렇게 많은 것들을 진행해야 하는 상황에 다른 것은 제쳐두고라도 꼭 책부터 먼저 써야겠다고 마음먹은 결정적인 이유는 이제 커뮤니티라는 것이, 특히 맘 카페라는 것이 사람들의 인식 속에 스며들고 있고, 일상 속에서 많은 영향을 미치고 있으며, 그 영향력을 일반 회원뿐만 아니라 공공기관, 사기업, 심지어 미디어에서까지도 느끼고 있기 때문이다. 그것을 좋게 인식하는 사람도 있지만, 겉모습만 보고 제대로 파악하지 않은 상태에서 부정적인 시선으로만 바라보는 사람도 분명 많이 있다. 그래서 커뮤니티에 대한 올바른 정의와 이해를 제시해줄 수 있는 글이 꼭 필요하다고 생각했다. 실은 커뮤니티를 운영하는 사람들조차도 자신들이 운영하는 커뮤니티에 관해 올바로 정의하고 있지 못한 것이 사실이다. 운영자 혼자서 결정을 하든, 회원들과 함께 결정을 하든, 소수의 인원만 모여 결정을 하든, 외부의 조언을 듣든, 커뮤니티의 방향성에 대해서 꼭 한 번은 짚고 넘어가야 분란이나 잡음 없이 목표에 맞게 커뮤니티를 원활하게 운영할 수 있게 된다.

커뮤니티는 그냥 모임이다. 온라인 맘 카페도 그냥 모임이다. 다수가 모여 있는 가상의 공간이자 어떤 일이든 진행할 수 있는 작은 플랫폼이다. 이 모임들이 어떤 일들을 하고 사회에 어떤 영향을 미칠지는 각 모임마다 다를 것이다. 우리는 여럿이 모임으로써 언론이나 미디어보다 강한 파급력을 가질 수도 있고, 대기업의 횡포에 불매운동으로 맞설 수도, 불합리하고 공정하지 않은 정책이나 정치인에 맞설 수도 있다.

나는 이 책으로 인해 많은 사람들이 커뮤니티의 긍정적인 부분을 보기를 바라며, 커뮤니티를 이끌어 가겠다고 마음을 먹는 사람들이 많아졌으면 하는 바람이 있다. 그리고 여러 커뮤니티들끼리 서로 협력하고 상생했으면 좋겠다. 비록 금수저나 천재로 태어나진 않았지만 그런 평범한 사람들이 모이고 모여서, 협력하고 협력해서, 창조적인 것들을 발산하면서 특출한 한 사람이 이루지 못하는 것들을 다수가 모여 이뤄낼 수 있다는 것을 증명해냈으면 좋겠다.

나는 정말 많은 일을 하고 있다. 하지만 사실 그 일들은 내가 한 것이 아니다. 내가 운영하는 커뮤니티 안에 또 다른 커뮤니티들이 다양하게 있고, 그 안에서 창의적인 아이디어가 많이 나오기 때문에 이런 많은 일들을 할 수 있었던 것이다. 나는 커뮤니티를 소비자 집단이라고만 생각하지 않는다. 커뮤니티는 집단 지성을 통해서 창의적인 것, 동시에 소비자들이 정말 필요하다고 느끼는 아주 현실적인 것들을 만드는 생산자 집단이 될 수 있다.

창의적인 아이디어로 낡은 시스템에 도전하고 있는 우리 스태

프들과 팀장님들, 매일 바쁘다고 정신없는 아내를 묵묵히 챙겨주
며 응원해준 내 편과 가족들, 마지막으로 소중한 내 딸 행운의 제
인, 이분들에게 감사의 인사를 표하며 책을 마치고자 한다.

in Parador de Segovia

잘나가는 여자들에겐 커뮤니티가 필요하다